O PAI-NOSSO
palavra por palavra

Gilson Luiz Maia

O PAI-NOSSO
palavra por palavra

Paulinas

Dados Internacionais de Catalogação na Publicação (CIP)
Angélica Ilacqua - Bibliotecária - CRB-8/7057

Maia, Gilson Luiz
 O Pai-Nosso : palavra por palavra / Gilson Luiz Maia. – 1. ed. –
São Paulo : Paulinas, 2020.
 120 p. (Ensina-nos a rezar)
 ISBN 978-85-356-4627-6

 1. Oração 2. Pai-nosso 3. Jesus Cristo - Oração 4. Bíblia - Estudo e ensino I. Título

 20-1483   CDD-242.722

Índice para catálogo sistemático:
1. Oração Pai-nosso   242.722

1ª edição – 2020
2ª reimpressão – 2025

Direção-geral: *Flávia Reginatto*
Editores responsáveis: *Vera Ivanise Bombonatto e Antonio Francisco Lelo*
Copidesque: *Ana Cecilia Mari*
Coordenação de revisão: *Marina Mendonça*
Revisão: *Equipe Paulinas*
Gerente de produção: *Felício Calegaro Neto*
Capa e projeto gráfico: *Tiago Filu*
Imagem de capa: *Sermon on the Mount – Carl Bloch (1877)*

Nenhuma parte desta obra poderá ser reproduzida ou transmitida por qualquer forma e/ou quaisquer meios (eletrônico ou mecânico, incluindo fotocópia e gravação) ou arquivada em qualquer sistema ou banco de dados sem permissão escrita da Editora. Direitos reservados.

Cadastre-se e receba nossas informações
paulinas.com.br
Telemarketing e SAC: 0800-7010081

Paulinas
Rua Dona Inácia Uchoa, 62
04110-020 – São Paulo – SP (Brasil)
📞 (11) 2125-3500
✉ editora@paulinas.com.br

© Pia Sociedade Filhas de São Paulo – São Paulo, 2020

A meus pais que me ensinaram a Oração do Senhor.

Pai nosso que estais nos céus,
santificado seja o vosso nome;
venha a nós o vosso Reino;
seja feita a vossa vontade,
assim na terra como no céu;
o pão nosso de cada dia nos dai hoje;
perdoai-nos as nossas ofensas,
assim como nós perdoamos a quem nos tem ofendido;
e não nos deixeis cair em tentação,
mas livrai-nos do mal.

Sumário

Prefácio 11
Introdução 13

I
A oração de Jesus 19
    Pai-Nosso: uma oração em duas versões 21
    A oração do Pai-Nosso nos Evangelhos de Mateus e Lucas 27
    A estrutura da Oração do Senhor 31

II
Um novo jeito de rezar 35
    O Pai de Jesus e de cada um de nós 37
    A proximidade do Pai 40
    Olhar para os céus e enxergar a terra 42

III
O nome de Deus 45
    Deus não cabe nas palavras 47
    O Santo por excelência 49

IV
O Reino do Pai 53
    O Messias, esperança do povo de Israel 55
    Acolher, semear e esperar o Reino 58

V
A vontade do Pai 63
    Até as últimas consequências 65
    Chamados a realizar a vontade de Deus 68

VI

O PÃO DO REINO 73
   O dom de cada dia... 76
   O pão da vida 79

VII

PERDÃO E GRATIDÃO 83
   Dívidas e pecados... 85
   O Pai perdoa sempre.. 87
   Começar com o perdão.. 89

VIII

PROVAS E TENTAÇÕES 93
   Nas tentações de Jesus, as nossas tentações 95
   Vigiai e orai 97

IX

LIVRA-NOS DO MAL, Ó PAI 101
   A vitória contra o maligno 103
   O mistério do mal.. 106

CONCLUSÃO 111
BIBLIOGRAFIA 115

Prefácio

Com alegria, acolhi o convite para redigir o prefácio do livro sobre a Oração do Senhor. Mais uma reflexão do Padre Gilson Luiz Maia, rogacionista. Na oração do Pai-Nosso, a única ensinada pelo Mestre de Nazaré, conforme os Evangelhos de Mateus e Lucas, temos uma excelente síntese do todo da obra redentora. Ali, a Igreja mãe encontrou historicamente o sólido fundamento de sua doutrina e missão com acentuado desdobramento social.

Jesus apresenta muito mais do que uma excelente forma de rezar. Revela, como Senhor, as verdades vitais da fé cristã. Deus é Pai e nos introduz na intimidade do mistério trinitário. Para que aconteça a paternidade, é indispensável a realidade existencial do Filho. Esse Pai é nosso, portanto, somos verdadeiramente irmãos. Presença amorosa que forma e educa. Aqui, aparece uma profunda configuração entre o ser pai e o ter filhos. Um existe em relação ao outro. Ao se apresentar como Pai, estabelece-se um relacionamento absolutamente novo. O termo "nosso" é plural, então ninguém ficou excluído.

Ao começar a segunda parte da oração, o pão nosso, ele revela a regra central do serviço cristão. Se o Pai é nosso, consequentemente, o pão é nosso. Apresenta uma vigorosa relação entre o ser Pai e o ter pão. Ensina que rezar é comprometer-se com a dignidade da vida ao longo da história. Somos chamados a partilhar o pão. A realidade viva e dinâmica requer a coragem de nos comprometermos com a justiça social como expressão coerente entre o rezar e o viver. O Pai só é nosso na exata proporção da partilha real. O Pai nosso se concretiza no pão nosso.

No tocante ao serviço, este aparece no conteúdo da Oração do Senhor. Jesus é o primeiro servidor. Sua ação redentora é a liturgia trinitária. Seu serviço é uma excelente oferenda. Ele se entrega de modo pleno e definitivo. Assim, ensina-nos a fazer o mesmo.

Outro ponto revelado é justamente a capacidade humana em realizar, pela força do exemplo dado por ele, uma obra semelhante. A esperança adquire a fisionomia da realidade histórica. Podemos concluir que as pessoas são chamadas a transformar a oração vocal em vida, no chão da história. Assim sendo, participamos da obra divina.

O caráter de um mero assistencialismo cede lugar a uma consciência de responsabilidade coletiva. Não pode faltar o pão, pois o Pai está dedicado a todos. E Jesus é o modelo do serviço fraterno, o pão passa a ser de direito divino. Portanto, se o pão não é de todos, surge o pecado social. Enquanto faltar pão, a comunidade humana estará distante do desejado pelo Mestre ao rezar o Pai-Nosso.

A oração do Pai-Nosso é o manual necessário para a serena e saudável convivência social. Da mesa fraterna ninguém pode ser excluído. A reflexão da oração nos educa para a vida solidária. Somando a oração do Pai-Nosso com o pão nosso, temos a justiça e a paz como resultados.

A reflexão do Padre Gilson, intitulada *O Pai-Nosso: palavra por palavra*, chega em boa hora e contribui para nos embrenharmos na importância dessa oração e na sua consequência para a espiritualidade e missão dos seguidores de Jesus, que nos ensinou a chamar Deus de Pai: Pai nosso.

Pe. Antônio Carlos Maia
Diocese de Guaxupé (MG)

Introdução

"Senhor, ensina-nos a orar..." (Lc 11,1).

Dentre as coisas que recordo da infância, cada vez mais distante, está a figura de meus pais ensinando as orações: o Pai-Nosso, a Ave-Maria, a Salve-Rainha e o Glória. Havia também uma jaculatória que rezávamos todas as noites, quando minha mãe já estava à beira da cama nos cobrindo. Aliás, nunca deixei de rezá-la. É assim: "Menino Jesus, meu irmãozinho, eu te dou meu coraçãozinho".

Foi no aconchego da casa de uma família do interior de Minas Gerais que aprendi as orações mais populares recitadas pelo povo de Deus. Lembro-me bem da dedicação e insistência de minha mãe para que memorizássemos a única oração ensinada por Jesus aos seus discípulos e à Igreja: o Pai-Nosso. Recordo também minha aflição quando, pela primeira vez, me pediram para rezá-la em voz alta, diante de um pequeno grupo da comunidade. Outras pessoas também já gaguejaram ao recitá-la em público. Muitos rezam o Pai-Nosso com a segurança comum dos corações fervorosos acostumados aos encontros de oração, à reza comunitária do terço ou em tantas outras ocasiões. Algumas vezes recitamos as orações quase mecanicamente, apenas pelo hábito ou imposição das circunstâncias, sem nos aprofundarmos no significado e no alcance de cada palavra pronunciada com fé.

Nestas páginas – escritas a partir de nossa experiência junto ao povo reunido nas comunidades, mas pensando também naquelas pessoas mais afastadas ou arredias das celebrações –, queremos meditar sobre cada expressão dessa oração que aprendemos com Jesus. Nosso objetivo é ajudar as pessoas a rezarem o Pai-Nosso com o coração e a mente. Precisamos superar a tentação de rezar de modo mecânico, frio e sem considerar as consequências na vida. Mais que uma oração tradicional, que se adapta a qualquer ocasião, principalmente quando queremos instaurar um ar de espiritualidade e fé, o Pai-Nosso é uma síntese da mensagem de Jesus que entrega a sua vida à causa do Pai.

Segundo Tertuliano, antigo escritor cristão, o Pai-Nosso resume todo o Evangelho.[1] Nessa oração encontramos a totalidade do Evangelho de Jesus, embora "o Evangelho permanece inteiro mesmo sem esta oração".[2] Ao meditar no Pai-Nosso, refletimos sobre a pessoa, a vida, a vocação e a missão de Jesus. Ele é o autor dessa oração que revela, de forma breve e profunda, a sua identidade de Filho. Nela vemos uma fotografia da vida de Jesus, o modelo e o Mestre que nos dá essa oração e reconhece as necessidades de seus irmãos e irmãs. Eis a razão pela qual o Pai-Nosso é considerado a "Oração do Senhor" ou, conforme a expressão tradicional, "oração dominical".[3] Mais que uma fórmula cansativa e mecânica, "repetida maquinalmente", Jesus nos ensina que a oração é antes de tudo um diálogo filial onde os filhos são acolhidos e experimentam o grande amor de Deus, o Pai nosso.

---

[1] As citações dos Padres da Igreja são colhidas da obra de: HAMMAN, A. *Il Padre nostro letto dai Padri della Chiesa*. Roma: Castelvecchi, 2017, p. 8. As traduções de trechos de obras estrangeiras citadas ao longo deste trabalho são livres.

[2] Cf. MAGGIONI, B. *Padre nostro*. Milano: Vita e Pensiero, 2019, p. 26 (nota 21).

[3] Cf. *Catecismo da Igreja Católica*, nn. 2765-2766.

Com Jesus – e nele – rezamos o Pai-Nosso para crescer na fé e na confiança em Deus.[4] Com palavras simples, sóbrias e densas de significado, repetimos a Oração do Senhor, mas quase nunca paramos para pensar no sentido de cada uma das expressões desse Salmo que nos coloca diante do Pai. Raramente indagamos em que consiste rezar o Pai-Nosso e se realmente consideramos o próximo como nosso irmão, se queremos que venha logo o Reino de Deus, se desejamos cumprir a vontade do Senhor, se é mesmo verdade que nos contentamos apenas com o pão de cada dia, se estamos dispostos a perdoar os nossos devedores e se lutamos com todas as forças contra as tentações e o mal. Com o coração inquieto, indaguemos: Qual é o significado, o alcance e as consequências desses pedidos do Pai-Nosso na espiritualidade que cultivamos ao longo do caminho?

Sabemos que há pessoas que não rezam e que sequer estão vinculadas a uma determinada religião ou credo. Mas é grande o número de orantes, pessoas que rezam diariamente e pedem pela saúde, pelo êxito de algum negócio ou pela paz na família e no mundo etc. Algumas destas orações podem ser questionadas por pretenderem contar e explicar a Deus as necessidades, quando na realidade o Pai já sabe de tudo e conhece profundamente cada um de nós. O profeta Isaías, que viveu por volta do ano 700 a.C., já recordava ao povo de Israel: "Antes de clamarem a mim, já estarei respondendo; estarão ainda falando, e já os atenderei".[5] Não é necessário informar a Deus sobre nossa realidade, quando o próprio Jesus disse: "Vosso Pai sabe do que precisais, antes de lhe pedirdes".[6]

---

[4] Santo Aníbal Maria Di Francia, apóstolo das vocações, dizia que precisamos recitar o Pai-Nosso com íntima atenção às divinas palavras e pedidos, pois esta é a principal oração ensinada por Jesus. Cf. DI FRANCIA, A. M. *Scritti*. Roma: Rogate, v. VI, 2010, p. 356.

[5] Cf. Is 65,24.

[6] Mt 6,8.

Muitas vezes, notamos que a pessoa orante quer convencer Deus daquilo que é o mais importante e melhor para ela, como se o Pai desconhecesse a situação e as reais necessidades dos filhos. Há orações que parecem ser uma tentativa de fazer Deus mudar de ideia, reconsiderar sua posição e acolher a vontade da pessoa que está rezando. Também criticamos a oração que busca transferir a Deus aquilo que é de nossa responsabilidade, como, por exemplo, pedir pela paz no mundo, esquecendo que o problema da violência e das guerras deve ser resolvido por nós mesmos, mediante nossas ações pacificadoras e solidárias. Há ainda o uso de certas "fórmulas mágicas", além das orações feitas por obrigação ou simples costume e tradição. Então, podemos perguntar: Qual é o verdadeiro sentido da oração cristã? Para que servem as fórmulas elaboradas nas comunidades e oficializadas pela Igreja? Por que devemos rezar com insistência, se Deus é pura bondade, tudo sabe e conhece? A nossa insistência na oração não seria uma tentativa de mudar a vontade do coração de Deus, que é amor e misericórdia?

A oração nos ajuda a entrar em sintonia com o Pai, a compreender melhor como ele vê a nossa realidade. Perseveramos na oração para sintonizar o nosso coração com o coração de Deus, e isso normalmente exige muito tempo. Jesus nos orienta a insistir na oração e não a multiplicar palavras, numa espécie de "verborreia" ou blá-blá-blá diante do Pai que conhece e escuta o nosso coração. O Mestre nos ensina: "Portanto, eu vos digo: pedi, e vos será dado; procurai, e encontrareis; batei, e a porta vos será aberta. De fato, todo aquele que pede, recebe; quem procura, encontra; e para quem bate, a porta será aberta".[7]

Após essas considerações e observando a ausência de alguns elementos típicos de nossas orações no Pai-Nosso, como as

---

[7] Cf. Lc 11,9-10.

expressões de súplicas, as frases de louvores e até mesmo aquelas de agradecimento, nos perguntamos: Afinal, como devemos rezar? O que devemos pedir na oração e como?

Diante desses questionamentos, situamos, acolhemos e tomamos para nós o pedido dos discípulos a Jesus, depois que viram ele rezar: "Senhor, ensina-nos a orar, como também João Batista ensinou a seus discípulos".[8] O pedido dos discípulos – "ensina-nos a rezar" – equivale a solicitar que Jesus mostre o rosto de seu Deus, tão diferente dos deuses pagãos. Os discípulos querem conhecer o Deus de Jesus. É como se dissessem a ele: "Mestre, diga-nos quem é o seu Deus?". Desde cedo, os discípulos perceberam que a oração de Jesus era diferente e que levava a uma relação com Deus distinta daquela que eles conheciam. Recordemos que alguns dos discípulos pertenciam ao grupo do precursor João Batista, que apontou para eles "o Cordeiro de Deus" e disse: "É preciso que ele cresça, e eu diminua".[9] Os discípulos começaram a perceber que Jesus mantinha um diálogo constante com Deus. Então, desejavam aprender como era o jeito de Jesus, como ele rezava, bem como a mergulhar na mesma experiência que tinha com o Pai.

Foi nesse ambiente orante que Jesus ensinou o Pai-Nosso. Uma oração aberta e ecumênica que pode ser rezada sem reservas pelos judeus, pelos muçulmanos, budistas e por muitos outros segmentos religiosos.[10] Uma oração que nos permite dialogar e rezar com todas as religiões e até mesmo com os não crentes e ateus. Uma oração em que Deus nos concede a identidade de filhos e membros de sua grande família. Ao recitar o Pai-Nosso, unimo-nos ao Pai e

---

[8] Lc 11,1.
[9] Cf. Jo 1,29.36; 3,30.
[10] Cf. MARTINI, C. M. *Il Padre nostro, non sprecate parole*. Milano: San Paolo, 2016, pp. 53-54.

entramos em comunhão com todos os irmãos e irmãs. Na oração, tornamo-nos membros da família de Deus, superando toda e qualquer fronteira, seja de classe social, cultura ou raça.

O Pai-Nosso não é uma nova fórmula ensinada por Jesus que colocamos ao lado da Ave-Maria ou de alguma outra oração. Podemos situá-lo junto à oração do Creio, onde professamos a nossa fé. O Credo começa assim: Creio em Deus Pai... Desse modo, a oração do Pai-Nosso nos chama a professar a fé e a voltarmos para o Deus de Jesus, que não é um rei poderoso, um legislador hábil, mas, antes de tudo, Pai. Não se trata de um Deus que nos prova para avaliar a grandeza de nossa fé, capaz de causar sofrimentos ou até mesmo de se vingar das fraquezas humanas. Deus é o Pai que conhece profundamente cada um de seus filhos. Ele é o Pai nosso. Vemos, então, uma clara relação entre a fé – Creio – e a oração do Pai-Nosso que rezamos no cotidiano da vida. Aliás, esta é a conexão que almejamos: fé – oração – vida.

No primeiro capítulo do livro, apresentaremos as duas versões do Pai-Nosso, segundo os Evangelhos de Mateus e Lucas, com seus respectivos contextos e estruturas. Também assinalaremos os ecos da Oração do Senhor nos demais escritos do Novo Testamento. Nos capítulos seguintes, vamos refletir sobre cada passo dessa oração, considerando suas raízes bíblicas e colhendo elementos para a nossa espiritualidade e ação pastoral.

I
A ORAÇÃO DE JESUS

"Vós, portanto, orai assim: Pai nosso..."
(Mt 6,9a).

O primeiro movimento no coração orante é impulsionado pelo dom da fé. A fé nos conduz à oração e vice-versa. Rezar é dialogar com Deus, ouvi-lo e entrar em sintonia com o Pai. Essa comunicação dialogante dá lugar à esperança que nos aproxima ainda mais de Deus. Nele descobrimos o amor: tão próximo, tão profundo, tão Pai: Pai nosso.[1] A missão de Jesus é revelar o Pai, mostrar o rosto do seu Pai e Pai nosso – "Quem me viu, viu o Pai".[2] Ao apresentar Deus como Pai, Jesus está nos dizendo que Deus é o amor e nós somos os filhos, a razão desse amor. Jesus era um homem muito orante. Ele gostava de rezar nos mais diferentes lugares e, às vezes, se afastava para dialogar com o Pai. "Jesus é o profeta que conhece as pedras do deserto e sobe aos cimos dos montes. /.../ E assim torna-se mestre de oração dos seus discípulos, como certamente quer sê-lo para todos nós."[3]

---

[1] São Tomás de Aquino afirma que o Pai-Nosso, entre todas, é a oração por excelência. Ela possui as cinco qualidades requeridas para qualquer oração: confiante, reta, ordenada, devota e humilde. Cf. *Catecismo da Igreja Católica*, n. 2763.

[2] Jo 14,9.

[3] Cf. FRANCISCO, *Catequese sobre o Pai nosso – 1*. Audiência Geral, Vaticano, 5 de dezembro de 2018. Disponível em: <https://w2.vatican.va>.

O Pai-Nosso é a oração que o Senhor apresentou diante da solicitação de um de seus discípulos – não sabemos precisar qual – que, vendo o comportamento e a vida de Jesus, sentiu sede de rezar.[4] Então ele pediu ao Mestre que lhe ensinasse as palavras certas e o jeito correto de experimentar e falar com Deus. O pedido foi feito depois de um período de convivência com o Mestre, quando eles observavam a maneira de Jesus rezar, quando viam o seu modo particular e intenso de voltar-se frequentemente para Deus em momentos e lugares diferentes dos convencionais. É interessante notar que o pedido "ensina-nos a rezar..." tenha vindo de um discípulo anônimo e não do líder Pedro, de Tiago ou João. Esse discípulo manifestou um anseio que era compartilhado por todos os seguidores que estavam fascinados com o jeito de Jesus rezar e que sentiam a mesma sede.[5]

Considera-se que, naquele tempo, cada rabino cultivava a sua espiritualidade condensada e sintetizada em uma oração particular. Essa oração indicava o modo de ser do rabino e o distinguia dos demais mestres. Cada uma das escolas de espiritualidade, com os seus respectivos rabinos, se diferenciava das outras por uma determinada oração que manifestava os seus valores e a sua específica sensibilidade espiritual. Os discípulos pediram que Jesus lhes ensinasse uma oração e um modo de rezar que os distinguisse dos outros grupos e movimentos e que, ao mesmo tempo, fosse um modelo e manifestasse o seu estilo, sua originalidade e a comunhão do grupo dos seus seguidores. Eles, que acolheram Jesus como Filho de Deus e Messias, querem firmar a própria identidade diante do judaísmo.

---

[4] Orígenes observa que a oração deve ser dirigida ao Pai, e não a algum mortal ou ao Cristo. "O próprio Jesus nos ensinou a nos dirigirmos ao Pai e não a ele mesmo." Cf. JUST, A. A. *La Bibbia Commentata dai Padri, Nuovo Testamento 3. Luca*. Roma: Città Nuova, 2006, p. 270.

[5] Cf. MARTINI, C. M. *Il Padre nostro, non sprecate parole*. Milano: San Paolo, 2016, p. 31.

PAI-NOSSO: UMA ORAÇÃO EM DUAS VERSÕES

Dos quatro Evangelhos, dois trazem a oração do Pai-Nosso que Jesus ensinou aos discípulos na sua língua materna, a língua do seu povo: o aramaico.[6] Os evangelistas Mateus e Lucas apresentam suas respectivas versões. Segundo Mateus, o Pai-Nosso foi transmitido por Jesus no Monte das Bem-Aventuranças na Galileia. De acordo com Lucas, a Oração do Senhor foi ensinada no Monte das Oliveiras, próximo a Jerusalém, já bem perto da paixão e morte de Jesus.[7] Apesar de não encontrarmos o Pai-Nosso nos Evangelhos de Marcos e de João, é evidente que os principais temas dessa oração permeiam a obra de todos os evangelistas. Aliás, podemos afirmar que o Evangelho de Marcos, o primeiro a ser escrito, por volta dos anos 70 d.C., de certa forma prepara as comunidades para receber a Oração do Senhor e ajuda a compreender o significado profundo do Pai-Nosso, que, aproximadamente 10 anos mais tarde, aparecerá nos Evangelhos de Mateus e Lucas.[8]

---

[6] No local aproximado onde Jesus ensinou os seus discípulos a rezarem, encontramos a igreja do Pai-Nosso. A primeira igreja, construída a pedido de Santa Helena, mãe de Constantino, foi destruída pelos persas em 614. Mais tarde, os cruzados construíram uma nova igreja, e a basílica atual é do século XIX. Nas paredes encontramos a oração do Pai-Nosso numa grande quantidade de idiomas.

[7] A Oração do Senhor, em Lucas, aparece no contexto de uma catequese apresentada em três partes: a Oração do Senhor (Lc 11,1-4), a parábola do amigo insistente (Lc 11,5-8) e o filho faminto (Lc 11,9-13). Cf. SPINETOLI, O. *Luca, il vangelo dei poveri*. Assisi: Cittadella, 1999, p. 389.

[8] No Evangelho de Marcos, encontramos os principais elementos retratados no Pai-Nosso. Os discípulos são chamados a dirigir-se ao Pai com confiança (cf. Mc 2,22-24), a aprofundarem o sentido da multiplicação dos pães (cf. Mc 6,30–8,29), a pedirem perdão na oração (cf. Mc 11,25), e a enfrentarem o mal (cf. Mc 1,23-26.34.39 etc.). Veja o excelente artigo de Ugo Vanni sobre a Oração do Senhor nos quatro Evangelhos e também nos escritos de Paulo. Cf. VANNI, U. Il Padre Nostro I. *Civiltà Cattolica*, III, Roma, pp. 345-358, 1993; IV, pp. 447-490.

Se, em Marcos, ainda não temos a fórmula explícita da oração do Pai-Nosso, no Evangelho de João, escrito por volta do ano 95 d.C., vemos o desenvolvimento e amadurecimento dos grandes temas dessa oração centrada na pessoa de Jesus, o Verbo de Deus feito carne.[9] "A ausência da oração do Pai-Nosso no Evangelho de João é só aparente. Pois, na oração sacerdotal de Jesus, na hora de sua glória, temos por assim dizer 'o Pai-Nosso de Jesus'."[10] Se, no Evangelho de João, temos a "Oração sacerdotal", em Marcos podemos destacar especialmente a oração de Jesus no Getsêmani.[11] Nos escritos de Paulo também não encontramos uma fórmula correspondente àquela de Mateus e Lucas, mas temos elementos que apontam claramente para a oração do Pai-Nosso.[12] Sabemos que, nas comunidades paulinas, já se rezava ao Pai com a mesma familiaridade de Jesus. Os cristãos, guiados pelo Espírito Santo e reunidos na assembleia litúrgica, referiam-se a Deus clamando: "Abbá, Pai!".[13]

Propomo-nos a ler atentamente tanto a versão mais explícita de Mateus – o Evangelho do operário do Reino – como aquela mais breve de Lucas, onde Jesus é apresentado como um orante e os discípulos são chamados a imitá-lo, buscando a mesma intimidade com o Pai.[14] Queremos rezar cada uma dessas versões, observar, meditar e comentar as semelhanças e diferenças entre ambas. Vamos colocar a de Mateus ao lado da versão de Lucas e refletir sobre as palavras que compõem essa oração rezada por Jesus e por todos

---

[9] Cf. Jo 1,14.
[10] Cf. VANNI, U., op. cit., p. 483.
[11] Cf. Mc 14,32-42; Jo 17.
[12] Cf. Sobre os "ecos" da Oração do Senhor nos Evangelhos de Marcos e João, na Carta aos Hebreus e nos escritos paulinos, confira: OLIVER, Clément; BENOIT, Standaert. *Pregare il Padre nostro*. Magnano: Qiqajon, 1989, pp. 21-42.
[13] Cf. Rm 8,15; Gl 4,5-6.
[14] Cf. Lc 5,16.

os seus seguidores desde os tempos apostólicos.[15] Com fé, vamos ler, ou melhor, rezar a oração segundo o Evangelho de Mateus, confrontando-a com a versão de Lucas, e colher elementos para enriquecer a espiritualidade e iluminar a nossa caminhada.[16]

Mateus	Lucas
"Vós, portanto, orai assim:	"Quando orardes, dizei:
Pai nosso que estás nos céus,	Pai,
santificado seja o teu nome;	santificado seja o teu nome;
venha o teu Reino;	venha o teu Reino;
Seja feita a tua vontade,	
como no céu, assim também na terra.	
O pão nosso de cada dia dá-nos hoje.	dá-nos, a cada dia, o pão cotidiano,
Perdoa-nos as nossas dívidas,	e perdoa-nos os nossos pecados,
assim como nós perdoamos aos	pois nós também perdoamos a
nossos devedores.	todo aquele que nos deve;
E não nos deixes cair em tentação,	e não nos deixes cair em tentação"
mas livra-nos do mal" (Mt 6,9-13).	(Lc 11,2-4).

De imediato percebemos que o Pai-Nosso segundo Lucas é mais breve.[17] Ele cita o substantivo "Pai" e omite a expressão "nosso que estás nos céus". Já Mateus usa a expressão "Pai nosso", que manifesta seu interesse comunitário e eclesial. Também notamos que ele apresenta sete pedidos, enquanto, em Lucas, eles são sintetizados em

---

[15] Confira o trabalho de Lorenzi confrontando a versão do Pai-Nosso em Mateus com aquela de Lucas. Cf. LORENZI, Lorenzo. *La preghiera del discepolo (Mt 6,9-13). Parola, spirito e vita, quaderni di lettura biblica, Insegnaci a pregare 3*. Bologna: Dehoniano, 1981, pp. 106-121.

[16] Nesta reflexão, seguimos a tradução bíblica da CNBB. Cf. CONFERÊNCIA NACIONAL DOS BISPOS DO BRASIL. *Bíblia Sagrada*. Tradução oficial da CNBB. 1. ed. Brasília, 2018.

[17] Cf. BAVON, F. *Vangelo di Luca 2*. Brescia: Paideia, 2007, p. 143.

cinco, conservando a mesma ordem.[18] Os sete pedidos que seguem a invocação inicial, conforme a versão de Mateus, são: 1) santificado seja o teu nome; 2) venha o teu Reino; 3) seja feita a tua vontade; 4) o pão nosso de cada dia dá-nos hoje; 5) perdoa-nos as nossas dívidas; 6) não nos deixes cair em tentação; 7) mas livra-nos do mal.

No Evangelho de Mateus – escrito para os judeus convertidos à fé cristã –, o Pai-Nosso está inserido na parte central do Sermão da Montanha e aparece entre duas obras de piedade: a esmola e o jejum.[19] Se Mateus escreve às pessoas habituadas a rezar e quer corrigir possíveis vícios na hora da oração, em Lucas o Pai-Nosso está situado no contexto de uma catequese sobre a oração ensinada por Jesus durante a viagem de subida a Jerusalém.[20] Lucas, que escreve para comunidades onde a maioria das pessoas vinha do paganismo, traz uma versão mais curta para ajudá-las a iniciar no caminho da oração. Em Lucas, depois de mostrar Jesus rezando em certo lugar, os discípulos pedem ao Mestre que os ensinem a rezar como João Batista ensinou a seus seguidores.[21] Observa-se que o Pai-Nosso em Lucas está situado após a parábola do Bom Samaritano – a caridade – e o diálogo de Jesus com as irmãs Marta e Maria – a escuta da Palavra e o justo equilíbrio de nossas atividades.[22]

---

[18] No Evangelho de Mateus, o número sete aparece várias vezes: duas vezes sete gerações na genealogia de Jesus (Mt 1,17); sete bem-aventuranças (Mt 5,3ss); perdoar setenta vezes sete vezes (Mt 18,22); sete maldições (Mt 23,13ss) e os sete pedidos do Pai-Nosso (Mt 6,9-13). Talvez Mateus tenha acrescentado à versão de Lucas (Lc 11,2-4) outras duas petições: a terceira – "seja feita a tua vontade" (Mt 7,21; 21,31; 26,42) e a sétima – "mas livra-nos do mal" (Mt 13,19.38) para completar o número sete.

[19] Mt 6,1-18.

[20] Cf. Lc 9,51-19,27.

[21] Cf. Lc 11,1.

[22] Cf. Mt 6,1-18; Lc 10,29-37; 10,38-42.

Mas por que nas comunidades cristãs circulavam duas versões da Oração do Senhor? Qual delas é a mais antiga e original? Entendemos que a versão de Lucas, por ser mais breve e estar inteiramente presente na versão mais ampla, é a mais antiga, e, portanto, é mais próxima da original que a de Mateus. Consideramos, ainda, que as comunidades costumavam ampliar os textos para usá-los nas celebrações litúrgicas.[23] Há certo consenso entre os estudiosos de que a forma mais breve de Lucas é a mais antiga, ao passo que a versão de Mateus é mais original, com palavras mais arcaicas.[24] De outra parte, não podemos desconsiderar a hipótese de que o próprio Jesus tenha ensinado aos seus discípulos as duas versões uma mais breve e outra mais longa, sendo transmitidas em diferentes ocasiões.[25] De qualquer maneira, tanto Mateus quanto Lucas certamente fizeram algumas "adaptações", conforme suas respectivas visões teológicas e considerando as culturas das suas comunidades.[26] O fato de contarmos com duas versões do Pai-Nosso nos Evangelhos é um sinal de que as primeiras comunidades davam mais atenção à essência do que à fórmula com as palavras exatas da oração. Também é um bom indício de que a oração do Pai-Nosso

---

[23] O Pai-Nosso, segundo a versão do Evangelho de Mateus, foi naturalmente introduzido na liturgia da Igreja. São Cirilo, bispo de Jerusalém (350-386), atesta o uso dessa oração nas celebrações eucarísticas das comunidades. O *Catecismo da Igreja Católica* recorda a tradição apostólica que situa a Oração do Senhor na liturgia, e, de modo especial, nos sacramentos da iniciação cristã. Cf. Catecismo, nn. 2767-2772.

[24] Cf. MARTINI, C. M., op. cit., p. 38.

[25] Cf. JEREMIAS, J. *O Pai-Nosso, a oração do Senhor*. São Paulo: Paulinas, 1976, p. 25.

[26] De acordo com os estudiosos da Sagrada Escritura, a versão do Pai-Nosso em Mateus, como também aquela de Lucas retratam um fiel resumo da essência da mensagem de Jesus, mas não correspondem às palavras exatas que o Mestre havia dito literalmente aos discípulos. Cf. FABRIS, R. *Matteo, traduzione e commento*. Roma: Borla, 1982, pp. 155-156.

procede da boca de Jesus. Apesar das diferenças entre as versões de Mateus e Lucas, ambos afirmam que foi o Mestre quem ensinou essa oração aos discípulos.[27]

Encontramos uma "terceira versão" do Pai-Nosso em um antigo documento elaborado pelas primeiras comunidades cristãs, denominado Didaqué – Instrução dos Doze Apóstolos –, a qual foi escrita pouco depois do Evangelho de Mateus.[28] Na Didaqué, que reproduz a versão de Mateus já presente na liturgia dessas comunidades, o Pai-Nosso ganha um acréscimo de louvor – doxologia – no final: "Porque vosso é o poder e a glória pelos séculos".[29] Esse antigo "catecismo das comunidades" nos mostra que os cristãos, desde os primeiros tempos, celebravam a "fração do pão" e recitavam a oração do Pai-Nosso ao menos três vezes ao dia – pela manhã, ao meio-dia e no final da tarde –, ao passo que os judeus costumam rezar diariamente as "dezoito bênçãos".[30] A Oração do Senhor se distingue das "dezoito bênçãos" dos judeus não apenas pela ordem e originalidade dos pedidos, mas pela liberdade e simplicidade de como Jesus nos ensina a nos dirigirmos ao Pai. Já no tempo da Didaqué, a oração do Pai-Nosso era entregue às pessoas que se preparavam para o Batismo, afim de que a recitassem logo após receberem o primeiro sacramento.[31]

---

[27] Em todo o Novo Testamento, encontramos muitas orações, hinos... que remetem às primeiras comunidades. Mas, somente no caso do Pai-Nosso, os evangelistas Mateus e Lucas afirmam com clareza que ele foi ensinado pelo próprio Jesus.

[28] Cf. DIDAQUÉ, *O Catecismo dos primeiros cristãos para as comunidades de hoje*. São Paulo: Paulinas, 1989, p. 20.

[29] Na segunda carta a Timóteo, também encontramos uma doxologia final: "O Senhor me livrará de todo o mal que me queiram fazer e me salvará, admitindo-me em seu reino celeste. A ele a glória, pelos séculos dos séculos! Amém" (2Tm 4,18).

[30] Cf. Didaqué, p. 20; *Catecismo da Igreja Católica*, nn. 2760-2767.

[31] Cf. ULRICH, L. *Matteo 1, commentario*. Brescia: Paidea, 2006, p. 496.

A ORAÇÃO DO PAI-NOSSO NOS EVANGELHOS DE MATEUS E LUCAS

Uma montanha da Galileia foi o sugestivo cenário escolhido por Jesus para ensinar aos seus discípulos a oração do Pai-Nosso. No Evangelho de Mateus, essa oração está inserida no centro do famoso Sermão da Montanha, mais precisamente na seção onde o Mestre critica a oração exibicionista daqueles que oram só para serem vistos e considerados piedosos pelo povo. Nesse Sermão, que reflete com profundidade o coração do Mestre e sintetiza a catequese ministrada nas comunidades, Jesus convida os discípulos a superarem a justiça dos escribas e fariseus – a lei de Moisés – e a acolherem a justiça do Reino dos céus. O Mestre dirige duras críticas aos que fazem da oração uma espécie de teatro e de dramatização. Jesus se opõe à religião exterior dos fariseus marcada pelas aparências e formalidades e convida a interiorizar, a silenciar e a buscar a vivência da fé, capaz de fazer arder o coração dos discípulos ao longo do caminho.[32] Disse Jesus:

> Quando orardes, não sejais como os hipócritas, que gostam de orar nas sinagogas e nas esquinas das praças, em pé, para serem vistos pelos homens. Em verdade vos digo: já receberam sua recompensa. Tu, porém, quando orares, entra no teu quarto, fecha a porta e ora a teu Pai que está em segredo. E teu Pai, que vê o que está em segredo, te retribuirá. Quando orardes, não useis de muitas palavras como fazem os gentios, pois eles pensam que à força de muitas palavras serão atendidos. Não sejais semelhantes a eles, pois vosso Pai sabe do que precisais, antes de lhe pedirdes.[33]

---

[32] Cf. Lc 24,25.
[33] Mt 6,5-8.

Jesus observa a quantidade de orações feitas pelos fariseus e questiona o jeito hipócrita de eles rezarem. Aliás, a palavra "hipócrita" vem do teatro grego e indica a representação dos personagens no palco cênico. Jesus critica a oração exibicionista feita com fingimento, máscaras e falsas virtudes. O Mestre questiona a oração vazia dos que rezam nas praças só "para serem vistos pelos homens". Ele ensina que a oração deve ser dirigida a Deus e não ao público. Devemos entrar no quarto, isto é, entrar em nós mesmos, onde estão os nossos ídolos e os nossos tesouros. Jesus convida a nos colocarmos a sós diante do Pai, à porta fechada, e escancararmos nosso coração.[34]

O Mestre não aceita a justificativa de que se reza diante da "plateia" para dar um bom exemplo. Ele ensina que toda oração verdadeira nos leva exclusivamente a Deus, o Pai nosso. Não se trata de gritar ou usar muitas palavras, como que querendo convencer a Deus ou acreditar na eficácia de uma determinada fórmula, mas de rezar com confiança no Pai que nos ama e nos conhece. Mais que questionar a multiplicação de palavras na oração dos pagãos, Jesus nos convida a nos aproximarmos de Deus com a serenidade de um filho que se dirige ao Pai, como "uma criança que se sabe amada".[35] O sábio do Eclesiastes já orientava: "O teu coração não se apresse a proferir muitas palavras diante de Deus. Pois Deus está no céu e tu na terra. Portanto, sejam poucas as tuas palavras".[36]

Os pagãos costumavam dizer que o excesso de palavras cansa os deuses. Um conhecido dito dos rabinos dizia: "no mundo há dez porções de hipocrisia, das quais nove se encontram em Jerusalém".

---

[34] Cf. QUAGLIA, R. *Il Padre nostro, tra psicologia e spiritualità*. Venezia: Marcianum press, 2018, pp. 40-41.
[35] Cf. DUPONT, J. *A esmola, a oração e o jejum* São Paulo: Paulinas, 1983, p. 37.
[36] Ecl 5,1.

Na verdade, Jesus não critica a ausência ou o excesso de palavras, mas o modo teatral de rezar e de se colocar diante de Deus. No Evangelho Mateus deixa bem claro que o Mestre não quer seus discípulos rezando do jeito dos fariseus: "Não sejais semelhantes a eles".[37]

Após criticar o excesso de palavras e o exibicionismo dos hipócritas, o evangelista apresenta Jesus ensinando os discípulos a rezar o Pai-Nosso. Pode parecer contraditório usar novas palavras e pedidos a Deus, depois de haver criticado aquelas ditas pelos hipócritas nas esquinas e praças de Jerusalém. Mateus mostra Jesus ensinando um novo jeito de rezar. Trata-se de uma oração humilde, confiante e aberta à vontade do Pai: "Pedi e vos será dado, procurai e encontrareis, batei e a porta vos será aberta".[38]

As comunidades cristãs conservaram a memória de Jesus como uma pessoa orante, que vivia em permanente comunhão e diálogo com o Pai. Nos Evangelhos, Jesus reza muito e se mostra íntimo do Pai.[39] Dos autores do Novo Testamento, Lucas é o que dá maior ênfase ao tema da oração. Para ele, a oração é a força e o sustento dos cristãos que rezavam comunitariamente, nas casas, no templo e em muitos outros lugares.[40] No seu Evangelho, o tema da oração já aparece no momento do anúncio do nascimento de João Batista e de Jesus.[41] Lucas, ao destacar o valor e a importância da oração, nos recorda que esta é uma das principais atitudes dos seguidores de Jesus, que nos ensina a rezar e a perseverar em constante diálogo com Deus. Para esse evangelista, Jesus era o orante que frequentemente se retirava para rezar sozinho e orientava os seus discípulos a

---

[37] Mt 6,8.
[38] Cf. Mt 7,7.
[39] Cf. Jo 10,30.
[40] Cf. At 3,1; 12,12; 16,13; 21,5.
[41] Cf. Lc 1,10-11.13.28.

rezarem sempre.⁴² Ele era um homem de oração constante, estava sempre em comunhão com Deus e tudo o que buscava era realizar plenamente a vontade do Pai.⁴³

Nos Evangelhos fica evidente que o seguimento de Jesus está estreitamente vinculado ao tema da oração. Não podemos declarar-nos cristãos, se não cultivarmos a experiência de Deus na oração. Jesus nos ensinou que a oração é, antes de tudo, um diálogo de amor com o Pai. No contexto do Pai-Nosso, em Mateus, vemos Jesus insistir com os seus discípulos convidando-os a buscar a oração silenciosa, rezada "no segredo do quarto".⁴⁴ Sem a oração, não chegaremos à profunda intimidade conosco, onde está o Pai, e tampouco poderemos tocar a Deus que vive nos irmãos. Rezamos em nome de Jesus e com ele aprendemos a chamar Deus de Pai,

---

⁴² No Evangelho de Lucas, frequentemente encontramos Jesus em oração. Ainda adolescente, vemos Jesus na casa do Pai (Lc 2,46-50) e, no início de sua vida pública, quando era batizado por João, na beira do rio Jordão, ele também estava em oração (Lc 3,21). Ele orou no deserto, onde foi tentado (Lc 4,1-12), e passou a noite em oração na montanha, antes de escolher os doze apóstolos (Lc 6,12). Costumava rezar também nas sinagogas com os judeus (Lc 4,16), ensinou os discípulos a rezarem para que o Senhor enviasse trabalhadores para a sua colheita (Lc 10,2) e louvou o Pai que revela o Evangelho aos pequenos (Lc 10,21). Jesus sabia que o Pai sempre ouvia as suas preces e gostava do silêncio do deserto onde costumava rezar (Lc 5,16; 9,18), mas também rezou no monte Tabor, quando foi transfigurado (Lc 9,28). Na cruz Jesus rezava pelos seus algozes (Lc 23,34) e entregou o seu espírito ao Pai (Lc 23,46). Essas são algumas das muitas passagens do Evangelho de Lucas em que transborda o tema da oração. No livro dos Atos dos Apóstolos, quando Lucas apresenta o caminho das comunidades, ele também destaca a oração como uma atitude fundamental dos seguidores de Jesus: "A multidão dos fiéis era um só coração e uma só alma" (At 4,32) e "eram perseverantes no ensinamento dos apóstolos, na comunhão fraterna, na fração do pão e nas orações" (At 2,42).

⁴³ Cf. FIORES, S.; GOFFI, T. *Nuovo Dizionario di Spiritualità*. Roma: Paoline, 1979, pp. 542-599.

⁴⁴ Cf. Mt 6,6.

com a certeza de que seremos ouvidos. O Espírito Santo nos ajuda e ilumina, quando nem sabemos bem o que pedir na oração.[45]

O Pai-Nosso é uma oração trinitária, onde invocamos o Pai que está nos céus, que gera o Filho, no Espírito Santo, e nele atua e livra-nos do mal. O Filho santifica o nome do Pai que o enviou ao mundo para edificar o Reino e cumprir a sua vontade. Com Cristo, no Espírito Santo, nos dirigimos ao Pai com a confiança de filhos amados de Deus.

A ESTRUTURA DA ORAÇÃO DO SENHOR

Na Oração do Senhor encontramos, segundo a versão de Mateus, uma invocação inicial – "Pai nosso que estás nos céus" – seguida de sete pedidos ou bênçãos. Os três primeiros pedidos apontam para o Pai: o teu nome, o teu Reino e a tua vontade. Os outros quatro assinalam as nossas necessidades ou dificuldades: Dá-nos o pão..., Perdoa-nos..., Não nos deixeis cair... e Livra-nos... Observa-se que os sete pedidos – número que na Bíblia indica a totalidade – assinalam as relações humanas no que diz respeito a Deus – vertical – e aos irmãos – horizontal.

Comparando as versões de Mateus e Lucas, percebemos que ambas trazem uma estrutura semelhante.[46] Mas é evidente que a versão de Mateus é mais solene e estruturalmente mais equilibrada.[47] Aos três primeiros pedidos de Mateus, correspondem os dois primeiros na versão de Lucas. As frases desses pedidos iniciais fazem referência à segunda pessoa do singular – "teu". Nos outros

---

[45] Cf. Rm 8,14-17; 8,26-27.
[46] Cf. MARUCCI, C. Padre nostro e la sua traduzione. *Civiltà Cattolica*, Roma, pp. 338-350, 1996.
[47] Cf. STOGER, A. *Vangelo secondo Luca*. Roma: Città Nuova, 1993, v. I, p. 294.

quatro pedidos de Mateus e nos três de Lucas, destaca-se o uso do pronome da primeira pessoa do plural – "nós", que assinala a dimensão comunitária da espiritualidade. Em ambas as versões, o pedido do "pão de cada dia" aparece no centro, como um marco divisor da estrutura da oração do Pai-Nosso. Na primeira parte da estrutura, temos uma forma positiva com três pedidos marcados pelos imperativos: que o nome santo de Deus seja santificado, que venha o seu Reino e que seja feita a sua vontade. Depois, temos a parte central, quando pedimos o pão cotidiano sem nada acumular. Na segunda parte, notamos uma forma mais negativa: perdoa nossos pecados e livra-nos das tentações e do mal.

Os três primeiros pedidos retomam os grandes temas do Antigo Testamento e a relação do povo de Israel com Deus. A santificação do nome santo de Deus, revelado a Moisés, para que seja conhecido e amado, o pedido para que se estabeleça o Reino de amor e justiça e a disposição de acolher a vontade do Senhor escrita na lei, formam o primeiro bloco das petições da oração do Pai-Nosso, que aponta para a nossa relação com Deus. No bloco seguinte, passamos às relações humanas que devem ser marcadas pelo perdão, a superação das tentações que nos desviam dos caminhos do Reino e a certeza da vitória sobre o maligno. Estes quatro últimos pedidos podem ser divididos em dois grupos: no primeiro grupo, pedimos o alimento cotidiano e a cura de nossos pecados, e, no grupo seguinte, rezamos pela nossa luta e combate contra todo mal.[48] No centro dos sete pedidos, unindo os dois blocos – a relação com Deus e a nossa relação com o próximo –, está o pedido pelo pão de cada dia, que sintetiza todas as necessidades do ser humano chamado a viver na justiça e fraternidade.

---

[48] Cf. *Catecismo da Igreja Católica*, nn. 2803-2806.

Depois de contextualizar as versões de Mateus e Lucas e observar a estrutura da Oração do Senhor, propomo-nos a meditar sobre o sentido da invocação inicial e sobre cada um dos pedidos ou bênçãos do Pai-Nosso.

Estrutura do Pai-Nosso

Invocação inicial: Pai nosso que estás nos céus, = *filiação/proximidade*

I Bloco

1º **pedido** – Santificado seja o teu nome;
2º **pedido** – Venha o teu Reino;
3º **pedido** – Seja feita a tua vontade,
   como no céu, assim também na terra.

} "Tu" = Pai/vertical

Centro (conexão dos dois blocos)

4º **pedido** – O pão nosso de cada dia dá-nos hoje. =
   Alimento, justiça e fraternidade

II Bloco

5º **pedido** – Perdoa-nos as nossas dívidas,
   assim como nós perdoamos
   aos nossos devedores.
6º **pedido** – E não nos deixes cair em tentação,
7º **pedido** – mas livra-nos do mal.

} "Nós" = irmãos/horizontal

4º e 5º pedidos: as necessidades humanas do pão e da cura dos pecados.
6º e 7º pedidos: o combate e a luta contra as tentações e o mal.

II

UM NOVO JEITO DE REZAR

"Pai nosso que estás nos céus" (Mt 6,9b).

Jesus começa a sua oração de modo natural, espontâneo, carinhoso e familiar, ao chamar com plena liberdade a Deus de Pai. Pai nosso. No jardim do Getsêmani, sobre o Monte das Oliveiras, na noite anterior à sua crucificação, quando ele orava e seu suor tornou-se gotas de sangue, Jesus rezou: "Meu Pai".[1] Nos Evangelhos, Jesus se dirige a Deus chamando-o de Pai 182 vezes.[2] E apenas uma vez a palavra Pai – "Abbá" – é referida a Deus por uma pessoa que não é o Filho. Trata-se da passagem onde o apóstolo Filipe pede a Jesus: "Senhor, mostra-nos o Pai, isso nos basta".[3]

Na antiga compreensão hebraica, o pai era quem gerava enquanto a mãe apenas dava à luz o filho.[4] No filho está a con-

---

[1] Cf. Mt 26,39.42.

[2] No Novo Testamento, o termo Pai ocorre 414 vezes, sendo a maioria nos escritos de João. No Evangelho de Mateus, o termo aparece 63 vezes, em Marcos 19 vezes, em Lucas 56 vezes no Evangelho e 35 vezes nos Atos dos Apóstolos. Paulo o usa 40 vezes, além de aparecer também em outros escritos do Novo Testamento. Sobre o tema da paternidade e a maternidade na Bíblia, confira: DE VIRGILIO, G. *Dizionario Biblico della Vocazione*. Roma: Rogate, 2007, pp. 646-652.

[3] Cf. Jo 14,8.

[4] Cf. Is 45,10.

tinuidade da vida que reflete a face e o jeito do pai.⁵ Aliás, no Evangelho de Mateus, um pouco antes de Jesus ensinar a oração do Pai-Nosso, ele convida os discípulos a assemelharem-se ao Pai no amor e na sua perfeição: "Sede perfeitos como vosso Pai celeste é perfeito".⁶ É importante observar que o termo "Abbá", utilizado por Jesus, é usado de modo carinhoso pelas crianças quando se referem ao pai: "papai/paizinho". É com esse jeito infantil, simples e familiar, que Jesus nos ensina a nos dirigirmos a Deus. Nesse contexto, recordamos as palavras do Mestre: "Em verdade vos digo: se não vos tornardes como crianças, não entrareis no Reino dos Céus".⁷ Ao rezar o Pai-Nosso, confirmamos o desejo de crescer sem deixar de ser criança aos olhos de Deus.⁸ A figura do Pai sempre será uma referência para os filhos. Isso também reafirma a autoridade daquele que nos acompanha por toda a vida.⁹

---

⁵ O profeta Isaías compara Deus a uma mãe que jamais esquecerá o seu filhinho ou que está sempre pronta para consolar (cf. Is 49,15; 66,13). Mas, tanto no Antigo quanto no Novo Testamento, Deus nunca é qualificado como uma mãe. No *Catecismo* lemos que Deus transcende a distinção de sexos. Ele não é nem homem nem mulher, mas o criador de ambos. Cf. *Catecismo da Igreja Católica*, n. 239.

⁶ Mt 5,48.

⁷ Mt 18,3.

⁸ A palavra "pai" indica antes de tudo aquele do qual recebemos a vida biológica. Mas pai também é o que educa, às vezes de modo enérgico, aquele que castiga, que sustenta... O Pai nosso é o Pai de Jesus, aquele que o chama de Filho. Cf. MARTINI, C. M. *Il Padre nostro, non sprecate parole*. Milano: San Paolo, 2016, pp. 46-48.

⁹ O Papa Francisco, explicando o significado da palavra aramaica "Abbá", nos convida a imaginar a oração do Pai-Nosso rezada pelo filho pródigo no retorno à sua casa e no calor do abraço misericordioso do Pai (cf. Lc 15,11-32). Cf. FRANCISCO. *Catequese sobre o Pai nosso – 5*, Audiência Geral, Vaticano, 16 de janeiro de 2019.

O PAI DE JESUS E DE CADA UM DE NÓS

Ao meditar o Pai-Nosso, o Papa Bento XVI afirma que somente Jesus pode dizer com pleno direito a expressão "Meu Pai". Ele é o Filho unigênito de Deus, da mesma substância do Pai. Nós podemos chamar a Deus de "Pai nosso" mediante a nossa comunhão com Jesus, no qual nos tornamos filhos de Deus = "filhos no Filho". Dessa maneira, observa o papa, a palavra "nosso" nos compromete a sair do fechamento do "eu" para entrar na comunidade dos filhos de Deus. Somos chamados a abrir o coração e ir ao encontro dos outros dizendo sim à "Igreja vivente", a grande família de Deus, passando de uma realidade pessoal àquela comunitária e eclesial. Trata-se de um conceito dinâmico, um caminho que fazemos na fé, para nos tornarmos filhos de Deus através de uma comunhão cada vez mais profunda com Cristo, o "homem novo, novo Adão".[10]

Jesus apresenta uma imagem totalmente nova de Deus como criador e Pai.[11] Ele nos amou primeiro, como recorda João à sua comunidade: "não fomos nós que amamos a Deus, mas foi ele que nos amou e enviou o seu Filho como oferenda de expiação pelos nossos pecados".[12] Pela primeira vez, os discípulos são chamados a superar a lei de Moisés e a se aproximar de Deus mediante a prática do amor, a passar da condição de servos para filhos de Deus,

---

[10] Cf. BENTO XVI. *Jesús de Nazaret I. Desde el Bautismo a la Transfiguración*. Madrid: La esfera de los libros, 2007, pp. 169-176.

[11] Para os antigos gregos e romanos, o título de "pai" também poderia ser usado para indicar uma divindade, como, por exemplo, a Zeus, pai dos deuses e dos homens. Mas jamais para designar uma eleição – a aliança – e apontar a ternura paterna de Deus como fez Jesus, o Filho. Cf. LEDRUS, M. *Il Padre nostro, preghiera evangelica*. Roma: Borla, 1981, pp. 18-19.

[12] 1Jo 4,10.

conforme afirma Paulo: "Nele, Deus nos escolheu, antes da fundação do mundo, para sermos santos e íntegros diante dele, no amor. Conforme o desígnio benevolente de sua vontade, ele nos predestinou à adoção como filhos".[13] Jesus nos revela um Pai que estima e ama, se aproxima, elimina as distâncias e está longe de ser um Deus severo que castigava, punia e até se vingava. Se os judeus diziam que Deus habitava no templo e os sacerdotes faziam respeitar os lugares sagrados, o Mestre nos fala do Pai nosso que nos remete à ideia de uma família, uma casa onde ele está junto a seus filhos no cotidiano da vida, um Deus que não se prende às paredes dos templos, mas prefere ser adorado em espírito e verdade.[14] Mas é importante enfatizar que o Pai de Jesus – o Pai nosso – não é outro senão o Deus de Abraão, o Deus de Israel.[15]

Na Bíblia encontramos muitos atributos dirigidos a Deus, como Onipotente, Criador, Rei, Patrão, Senhor, Juiz, Altíssimo...[16] Mas todos esses títulos recebem um novo significado e uma nova compreensão, quando consideramos a paternidade de Deus segundo a revelação que recebemos de Jesus.[17] Deus não é Pai segundo

---

[13] Ef 1,4-5; Rm 8,15.

[14] Cf. Jo 4,24.

[15] No Evangelho de Mateus, percebe-se um distanciamento da sinagoga, mas não do Deus do povo judeu. Cf. ULRICH, L. *Matteo 1, comentario*. Brescia: Paidea, 2006, p. 502.

[16] No Antigo Testamento, quando Deus é chamado de "pai", é para destacar a obediência devida dos filhos ou para sinalizar o alcance universal da fé de Israel. Cf. Dt 14,1; Ml 2,10. A palavra "pai" também é usada para indicar Deus como criador e restaurador da vida. Cabe ao povo de Israel prolongar a transmissão da vida mediante gestos que comunicam esse grande dom de Deus. Cf. Dt 32,6; 2Sm 7,14; Sb 14,3; Is 63,16; 64,7; Jr 31,9.

[17] O *Catecismo da Igreja Católica* nos convida a purificar as falsas imagens paternas ou maternas provenientes da cultura ou da história pessoal. Essas imagens podem influenciar a relação com Deus. Cf. *Catecismo da Igreja Católica*, n. 2779.

a experiência da pessoa humana, que pode ser positiva, de um pai amoroso, ou negativa, de um pai desatento.[18] Deus é Pai segundo a experiência que Jesus nos revela: "Ninguém conhece o Filho, senão o Pai, e ninguém conhece o Pai, senão o Filho".[19]

A expressão Pai nosso – centro gravitacional da fé cristã – aponta para uma realidade universal e não indica o sentido restrito de possessão, como se Deus fosse o Pai nosso e não de outras pessoas e povos.[20] O adjetivo "nosso" não exprime uma ideia de posse ou oposição de Jesus aos escribas e fariseus, mas aponta para uma relação totalmente nova com o Pai e evidencia a sensibilidade comunitária e eclesial do Evangelho de Mateus. O termo "nosso" revela que Deus é Pai de toda a humanidade, o único criador "de todas

---

[18] Na sociedade atual, a figura do pai está bastante arranhada e, não poucas vezes, é manipulada, deturpada ou até mesmo rejeitada. Há uma corrente ideológica que imagina uma sociedade sem pai, autônoma e criadora de si mesma. Nessa realidade, o pai é um elemento insignificante, um personagem que talvez faça falta apenas às crianças desamparadas. Na perspectiva de um mundo sem pai, o escritor americano Ernest Hemingway escreveu uma paródia do Pai-Nosso que reflete tal realidade: "Oh nada que és nada, nada seja o teu nome, nada o teu reino, nada a tua vontade, assim no nada como em nada. Dá-nos o nada de cada dia. Salve nada cheio de nada, e nada esteja contigo" – Paródia de Hemingway citada por Fanelli (FANELLI, P. *Un centro di gravità permanente. Il Padre nostro: la preghiera di Gesù*. Milano: Paoline, 2006, p. 17). Em outra perspectiva, não menos "pessimista", situamos a posição de alguns psicanalistas. Eles afirmam que, por trás da ideia de compreender a Deus como Pai, está a fragilidade e a impotência do ser humano. Observam que a criança quer ser como o pai. O pai é o seu ideal, pelo qual ela desenvolve um grande interesse, a ponto de querer ser como ele é e substituí-lo em tudo. Nesse sentido, Deus seria apenas um pai que compensa as carências dos filhos, que cuida de suas feridas e dá condições para o seu crescimento. Cf. QUAGLIA, R. *Il Padre nostro, tra psicologia e spiritualità*. Venezia: Marcianum press, 2018, pp. 9-14.

[19] Mt 11,27; Lc 10,22.

[20] Cf. *Catecismo da Igreja Católica*, n. 2786.

as coisas visíveis e invisíveis".[21] A expressão "Pai nosso" aponta para os irmãos – a comunidade humana compreendida como a grande família de Deus. Mesmo quando rezamos sozinhos, estamos em sintonia com a inteira comunidade do povo de Deus. O termo "nosso" alcança cada um dos sete pedidos da oração e não pode ser compreendido como um simples "Pai de todos". Rezar o Pai-Nosso não é o mesmo que dizer "Pai de todos". O termo "todos" indica a universalidade, enquanto "nosso" designa o aspecto coletivo, nos faz família, assinala a fraternidade e o vínculo de amor com os irmãos. No Pai-Nosso temos a experiência da reciprocidade: "Eu serei seu Deus, e ele será meu filho".[22]

A PROXIMIDADE DO PAI

Depois da invocação inicial da Oração do Senhor, segue uma afirmação aparentemente de lugar: "que estás nos céus". O substantivo "céus" sempre aparece no plural para sinalizar a transcendência de Deus que reina nos céus e sobre todo o mundo. Com essa metáfora, que certamente não foi pronunciada pelos lábios do Jesus histórico e que está ausente na versão de Lucas, o evangelista Mateus não quer indicar o local da residência do Pai e muito menos afastá-lo de nós.[23] Mateus aponta para a transcendência de Deus: Ele é o Pai, o único de condição divina e de qualidade infinitamente superior aos pais da terra.[24] Ao invocar Deus como o "Pai nosso

---

[21] Mateus observa que nesta terra não devemos chamar a ninguém de pai, porque só temos um Pai: o Pai celeste. Cf. Mt 23,9.

[22] Ap 21,7.

[23] Clément, teólogo ortodoxo, observa que a expressão "nos céus" indica o caráter inacessível do Pai. Cf. OLIVER, Clément; BENOIT, Standaert, op. cit., p. 83.

[24] Santo Ambrósio, ao meditar sobre essa expressão da Oração do Senhor, comenta: "O céu é lá onde foi cessada a culpa, onde não existe mais a ferida de morte".

que estás nos céus", Mateus distingue a condição divina – nos céus – daquela humana – na terra. Dessa forma, o evangelista mostra que Deus domina – de modo amoroso – todo o universo, céus e terra. De certa maneira, Mateus também critica os imperadores que costumavam atribuir a si mesmos a realidade divina.[25] São Paulo, escrevendo à comunidade de Éfeso, confessou: "Por essa razão, dobro os joelhos diante do Pai, de quem recebe o nome toda paternidade no céu e na terra".[26]

O "Pai nosso que estás nos céus" também está sempre perto de cada um de nós.[27] Ele é o Deus invisível, próximo e conhecedor das necessidades dos filhos: "Olhai os pássaros do céu, não semeiam, não colhem, nem ajuntam em celeiros. No entanto, vosso Pai celeste os alimenta. Será que vós não valeis mais do que eles?".[28] Os "céus" designam a nossa pátria definitiva, o coração dos justos, no qual Deus habita. Não se trata da indicação de um local, mas aponta-se para a majestade de Deus que está sempre próximo de seus filhos.[29] Deus está sobre todas as coisas e muito além da realidade sensível. Ele é o "totalmente outro" e nós somos obras de suas mãos, conforme medita o autor do Gênesis.[30] O mundo não é uma parte de Deus, mas criação do Pai que está nos céus e na origem

---

Cf. HAMMAN, A. *Il Padre nostro letto dai Padri della Chiesa*. Roma: Castelvecchi, 2017, pp. 65-66.

[25] Cf. Dn 3,1ss.
[26] Ef 3,15.
[27] Cf. Dt 4,7.
[28] Mt 6,26.
[29] Cf. *Catecismo da Igreja Católica*, nn. 2794-2795.
[30] Gênesis apresenta duas narrativas sobre a criação do mundo e da humanidade. A primeira segue o esquema de uma semana, na qual seis dias são dedicados à criação e o sétimo é consagrado pelo Criador (Gn 1,1–2,4a). Na segunda narrativa, temos a descrição do paraíso, a criação do homem a partir do barro e sua solidão, até a criação da mulher da costela de Adão (Gn 2,4b-25).

de tudo, pois só ele pode criar e dar sentido à vida. Nesse contexto, recordamos uma cena da vida de São Francisco de Assis, que, para manifestar sua total entrega a Deus, tirou suas vestes diante de seu pai e do bispo, dizendo: "De agora em diante, eu tenho só um pai e poderei dizer com toda verdade: Pai nosso que estás nos céus".[31]

A oração do Pai-Nosso, na qual Jesus nos apresenta um novo jeito de dirigir-se a Deus, é uma contraposição à oração dos escribas e fariseus que rezavam de modo exibicionista nos lugares públicos. O Mestre ensina a seus discípulos que o "Pai que estás nos céus" vê e ouve a oração feita no segredo de um quarto fechado. Assim, todos sabemos que nos céus não está um ídolo distante e indiferente, mas o Deus verdadeiro. Ele sempre está próximo de cada um de seus filhos que o procuram na oração, quer rezada no aconchego de uma capela ou no silêncio de um quarto trancado, do mesmo modo que também vê e valoriza a esmola dada de maneira discreta.[32]

OLHAR PARA OS CÉUS E ENXERGAR A TERRA

A partir de Jesus, a relação com Deus passou do temor ao amor. Ele inspira nos seus discípulos uma confiança filial no Pai, do qual é muito íntimo. Essa experiência no Pai é duramente criticada por aqueles que resistem em aceitar e reconhecer Jesus como

---

[31] São Francisco, parafraseando o Pai-Nosso e acrescentando outras coisas que trazia no coração, disse: "Ó santíssimo Pai nosso: criador, redentor, salvador e consolador nosso. Que estais nos céus: nos anjos e nos santos, iluminando-os para o conhecimento, porque vós, Senhor, sois luz; inflamando-os para o amor, porque vós, Senhor, sois amor; morando neles e plenificando-os para a bem-aventurança, porque vós, Senhor, sois o sumo bem, eterno, do qual vem todo bem, sem o qual não há nenhum bem...". Cf. HAMMAN, A, op. cit., pp. 87-88.

[32] Cf. Mt 6,1-6.

o Filho primogênito. Não se trata de uma confiança alienada ao "Pai que estás nos céus", que conduz à passividade ou à indiferença diante dos grandes problemas do mundo. A verdadeira confiança no Pai nos leva a lutar pela justiça e a entregar a vida pela causa do reinado de Deus na história. Compreendemos e acolhemos a fé e o amor incondicional ao Pai que está nos céus como dons que dão sabor na busca por um mundo melhor. O Pai nos chama a lutar pela libertação, a vencer toda injustiça e a chegar à vida nova em Cristo. Não podemos esquecer que o Pai dos céus é o mesmo que ouviu o clamor do povo hebreu e o libertou do Egito com a mediação de Moisés. E, na plenitude do tempo, enviou o seu Filho, "nascido de mulher", que se entregou para salvar o mundo e nos levar para a casa do Pai.[33]

No imaginário popular, o céu é o lugar de Deus. É para onde somos chamados, é a nossa vocação e destino: o coração do Pai. Levantar os olhos para "os céus" não é alienar-se das realidades terrenas e buscar um Deus que habita numa galáxia distante, mas reconhecer que, embora nesta terra tenhamos pais diversos, todos temos a mesma origem naquele que é a fonte de toda paternidade, o único Pai: o Pai nosso.[34]

Nos Evangelhos, vemos Jesus erguer os olhos para o céu cada vez que se dirigia ao Pai.[35] Os judeus normalmente se voltavam na direção do templo de Jerusalém, mas o gesto habitual de Jesus de erguer os olhos demostra a sua intimidade com o Pai dos céus. Esse gesto aparece na liturgia cristã e nos recorda que somos

---

[33] Cf. Ex 2,24; 3,7-12; Jo 3,16; 14,2; At 3,12-16; Rm 8,9-11; Gl 4,4-7; Fl 2,5-11.
[34] Cf. BENTO XVI, op. cit., p. 176.
[35] Cf. Mc 6,41; Lc 18,13; Jo 17,1; At 7,55.

"cidadãos dos céus".[36] No Batismo recebemos a adoção divina, somos inseridos no "Corpo Místico de Cristo" e no Espírito de Jesus, e podemos chamar a Deus de Pai.[37] Logo após apresentar o Pai-Nosso, Mateus nos recorda outro ensinamento de Jesus: "Não ajunteis tesouros para vós, aqui na terra, onde a traça e a ferrugem destroem e os ladrões arrombam e roubam. Ao contrário, ajuntai-vos tesouros no céu... Onde estiver o teu tesouro, aí estará o teu coração".[38]

---

[36] Cf. Fl 3,20.
[37] Cf. 1Cor 6,12-27; Rm 8,15-17.
[38] Mt 6,19-21.

III
O NOME DE DEUS

"Santificado seja o teu nome" (Mt 6,9c).

Após a invocação inicial da Oração do Senhor – "Pai nosso que estás nos céus" –, temos o primeiro dos sete pedidos que apontam para a santidade de Deus. Na Bíblia Deus é antes tudo o Santo. A santidade é a principal característica do Deus de Israel. Ele é o único santo da Sagrada Escritura, e Jesus nos convida a pedir a santificação do seu nome. O próprio Jesus se dirige a Deus chamando-o de "Pai Santo".[1] No Evangelho, até os demônios reconhecerão Jesus: "Ele gritou: 'Que queres de nós, Jesus Nazareno? Vieste para nos arruinar? Eu sei quem tu és: o Santo de Deus!'".[2]

No Antigo Testamento, Deus se apresenta como o Santo. O profeta Isaías o aclama por três vezes: Santo, Santo, Santo.[3] Na realidade, temos diversos nomes ou formas que indicam a presença de Deus no meio do povo de Israel. Ele é chamado de "Deus de Abraão, de Isaac e de Jacó", de Deus Onipotente, o Santo de Israel, Deus dos exércitos...[4] Mas somente a Moisés Deus apresenta o seu santo nome: "Eu sou".

---

[1] Cf. Jo 17,11.
[2] Mc 1,24.
[3] Cf. Lv 11,45; 19,2; Is 6,3.
[4] Cf. Gn 17,1; Ex 3,3-6.13-14; Is 12,4; Sl 7,18; 28,1.

No Êxodo, no episódio da sarça ardente, Deus revela o seu nome: "Moisés disse a Deus: 'Mas, se eu for aos israelitas e lhes disser: 'O Deus de vossos pais enviou-me a vós', e eles me perguntarem: 'Qual é o seu nome?', que devo responder?' Ele disse: 'Eu sou aquele que sou'; e acrescentou: 'Assim responderás aos israelitas'; 'Eu sou' enviou-me a vós".[5] O nome de Deus dito a Moisés não é uma revelação filosófica, mas mostra a sua presença e atividade junto ao povo. Nessa revelação do nome divino – "Eu sou" –, Deus não mostra a sua identidade profunda e tampouco se faz visível a Moisés.

Em uma realidade politeísta, marcada pelo culto a tantos deuses, é natural que Moisés tenha perguntado a Deus qual é o seu nome. Mas a resposta de Deus é surpreendente. Ele respondeu: "Eu sou". Deus apresenta a Moisés um nome que não é nome. Dessa maneira, Moisés pode estabelecer uma relação com Deus, chamá-lo pelo seu santo nome, mas permanece o mistério sobre a sua identidade, que o nome "Eu sou" não revela. Entretanto, a expressão "Eu sou" aponta para a presença, a proximidade de Deus e a sua fidelidade ao povo.

No Evangelho de Lucas, encontramos o tema do nome santo de Deus nos lábios de Maria, no cântico do *Magnificat*: "Santo é o seu nome".[6] Lucas aplica a santidade de Deus a Jesus já na cena da anunciação. O anjo Gabriel disse a Maria: "aquele que vai nascer é santo e será chamado Filho de Deus".[7] No Evangelho de João, vemos Jesus pronunciar várias vezes a expressão "Eu sou" e revelar os traços

---

[5] Ex 3,13-14.

[6] Veja a nossa reflexão sobre o nome santo de Deus pronunciado por Maria, ao cantar o *Magnificat*. Cf. MAIA, G. L. *Nos passos de Maria de Nazaré, visitação de Nossa Senhora a Isabel e o cântico do Magnificat*. São Paulo: Fontenele, 2019, pp. 51-73.

[7] Lc 1,35.49.

de sua origem divina, identidade e missão.[8] Ele se apresenta com o mesmo nome de Deus revelado a Moisés no Êxodo. Assim, o autor do quarto Evangelho mostra Jesus no mesmo plano do Pai e convida a comunidade a ter a mesma atitude de escuta e abertura, como fez Moisés diante da sarça ardente que não se consumia.[9] Na oração sacerdotal, Jesus reza: "Manifestei o teu nome aos que, do mundo, me deste. Eram teus, e a mim os deste, e eles guardaram a tua palavra".[10]

DEUS NÃO CABE NAS PALAVRAS

O nome é uma modalidade que usamos para designar o ser, a identidade das coisas e também das pessoas. No livro do Gênesis, vemos Adão dar nome às diferentes espécies de animais criadas por Deus.[11] Na realidade humana, normalmente são os pais que escolhem o nome para os filhos. No caso de Deus, o homem não tem condições de dar um nome que aponte para a sua identidade, que revele aquilo que Deus é, a essência do seu ser.[12] A realidade divina ultrapassa nossa capacidade de compreensão e nos coloca diante do

---

[8] "Eu sou o pão da vida" (Jo 6,35.48.51); "Eu sou a luz do mundo" (Jo 8,12); "Se não crerdes que Eu sou morrereis em vossos pecados" (Jo 8,24); "Antes que Abraão fosse, Eu sou" (Jo 8,58); "Eu sou a porta das ovelhas" (Jo 10,7); "Eu sou o Bom Pastor" (Jo 10,11); "Eu sou a ressurreição e a vida" (Jo 11,25); "Eu vo-lo digo agora, antes que o fato aconteça, a fim de que quando acontecer, creiais que Eu sou" (Jo 13,19); "Eu sou o caminho, a verdade e a vida" (Jo 14,6); "Eu sou a videira verdadeira" (Jo 15,1). Todas essas passagens recordam aquela do profeta Isaías: "Eu sou o Senhor, e não há salvador além de mim... Desde sempre Eu sou..." (Is 43,11-12).

[9] Cf. Ex 3,1-6.

[10] Jo 17,6.

[11] Cf. Gn 2,19-20.

[12] A santidade de Deus não é um atributo moral, mas indica e qualifica o seu próprio ser. Cf. VANNI, U. Il Padre Nostro I. *Civiltà Cattolica*, III, Roma, p. 345, 1993.

mistério de Deus, que se aproxima, nos ama e se relaciona conosco, mas permanece totalmente "Outro".

No célebre relato da luta de Jacó com o anjo, o autor do Gênesis apresenta uma pergunta que não teve resposta: "Dize-me, por favor, teu nome. Mas ele respondeu: 'Para que perguntas por meu nome?' E ali mesmo o abençoou".[13] Na experiência humana, quando revelamos o nome a alguém, estabelecemos uma relação de fraternidade. Temos até uma expressão bonita que dizemos, quando pronunciamos nossos nomes, no momento em que nos apresentamos: "prazer em conhecê-lo". A revelação do nome manifesta esse desejo de proximidade, de criar uma relação de amizade e confiança.[14] Ao revelar seu santo nome a Moisés, Deus manifesta seu desejo de estabelecer uma relação conosco. Ele se aproxima, entra em contato, dialoga e revela o seu nome a Moisés, que logo será enviado ao faraó com a missão de libertar o povo do Egito, "casa da escravidão".[15] Mais tarde, quando Deus entrega as tábuas da lei a Moisés, haverá no Decálogo um mandamento que proíbe o povo de pronunciar o santo nome de Deus em vão.[16]

O Papa Bento XVI afirma que Deus, ao dizer o seu nome a Moisés, estabelece uma relação conosco. Deus se fez acessível e agora podemos invocá-lo, chamá-lo pelo nome. De outra parte, observa o papa, ao revelar o seu santo nome, Deus aceitou correr o risco de ter o seu nome profanado pelos nossos pecados.[17]

---

[13] Gn 32,30.

[14] "O nome evoca a presença. É um selo de eternidade /.../ um diamante de mil faces onde cada qual responde a uma coisa, a um rosto, a uma situação..." Cf. OLIVER, Clément; BENOIT, Standaert, *Pregare il Padre nostro*. Magnano: Qiqajon, 1989, pp. 90-91.

[15] Cf. Ex 13,3.

[16] Cf. Ex 20,7.

[17] Cf. BENTO XVI. *Jesús de Nazaret I. Desde el Bautismo a la Transfiguración*. Madrid: La esfera de los libros, 2007, pp. 177-180.

O SANTO POR EXCELÊNCIA

A santidade do nome de Deus não depende de nós, pois ele é eternamente santo. Mas Jesus nos surpreende quando diz que o santo de Israel é o seu Pai, o Pai nosso. E não podemos esquecer que, por trás da palavra Pai, está o modo de nos relacionarmos com Deus. Trata-se de uma relação filial que nos remete ao Batismo recebido "em nome do Pai, do Filho e do Espírito Santo". Fomos batizados e queremos que o santo nome de Deus seja reconhecido e glorificado por todo o mundo. Seu santo nome não pode ser usado de qualquer jeito nem ser profanado pelas blasfêmias humanas. Os pecados nos afastam de Deus e nos levam por outros caminhos, como alerta o profeta Isaías: "Os meus pensamentos não são os vossos pensamentos, e vossos caminhos não são os meus caminhos, diz o Senhor".[18]

Deus, o Santo por excelência, não pode agregar nada à sua perfeita santidade. Ele é o Santo. Mas, na oração do Pai-Nosso, pedimos que ele santifique a si mesmo mostrando a sua glória e manifestando-se tal como ele é. Somente Deus pode santificar o seu nome e santificar o seu povo: "Santificarei o meu grande nome, profanado entre as nações no meio das quais o profanastes. As nações saberão que eu sou o Senhor – oráculo do Senhor – quando por meio de vós mostrar minha santidade à vista delas".[19]

A forma passiva do verbo "santificar/santificado" indica o respeito devido a Deus, manifesta o seu protagonismo, além de ser uma sábia maneira para evitar nominar o seu santo nome, que não deve ser profanado. Esse "passivo teológico" – "santificado" – aponta para a nossa responsabilidade de santificar o santo nome de

---

[18] Is 55,8.
[19] Ez 36,23.

Deus mediante a vivência da fé e as boas ações.[20] O salmista rezava: "Mas hei de anunciar o teu nome aos meus irmãos, vou louvar-te no meio da assembleia".[21] Os rabinos também recordavam ao povo de Israel que a santificação do nome de Deus se dá mediante uma vida pautada pela lei que Moisés recebeu no Sinai.

Além de uma vida piedosa, Jesus nos ensina a pedir a Deus que santifique o seu nome e manifeste a sua glória.[22] No Evangelho, Jesus reza: "Pai, glorifica o teu nome! Veio, então, uma voz do céu: 'Eu já glorifiquei, e o glorificarei de novo'".[23] A vida, as atividades e o ministério de Jesus são sinais da manifestação da glória de Deus e santificação de seu santo Nome.[24] O Mestre nos ensina a santificar o nome de Deus. Isso significa exaltá-lo, reconhecê-lo e dar testemunho de sua presença no meio de nós. Jesus veio nos ensinar a tratar a Deus como Deus, a permitir a Deus de ser Deus em nossa vida: "Eu lhes dei a conhecer o teu nome, e o darei a

---

[20] Rubem Alves, ao meditar sobre esse trecho do Pai-Nosso, escreve: "Nomes: nós os dizemos no lugar da coisa, como se fossem imagens, cópias, criaturas de fundos de espelhos. Olho-me. Vejo a minha imagem, dentro do vidro liso. Em tudo igual a mim... Estendo a mão para tocar-me. Mas esbarro no meu próprio dedo. Parece que meu reflexo teve ideia igual e também quis, de dentro do espelho, tocar-me, aqui de fora. Lá estão os reflexos". Cf. ALVES, R. *Pai-Nosso, meditações*. São Paulo: Paulinas, 1987, p. 37.

[21] Sl 22,23.

[22] O Cardeal Martini considerava a formulação com o verbo "santificado" um pouco estranha e preferiria o verbo "glorificar". Cf. MARTINI, C. M. *Il Padre nostro, non sprecate parole*. Milano: San Paolo, 2016, pp. 70-71.

[23] Jo 12,28.

[24] O Pai-Nosso finca suas raízes no judaísmo e pode ser comparado à oração do *Shema*, conhecida como a "oração das dezoito bênçãos", e, também, com uma antiga oração denominada *Qaddish*. Assim rezam os judeus: "Seja glorificado e santificado o teu grande nome /.../ segundo a sua vontade /.../ Tu és santo e o teu nome é santo. Nós santificaremos o teu nome no mundo, como é santificado no alto dos céus". Cf. <https://de.wikipedia.org/wiki/Kaddisch#Text_des_Kaddisch>.

conhecer, para que o amor com que me amaste esteja neles, e eu mesmo esteja neles".[25] Em Jesus, o santo nome de Deus nos é revelado como Salvador, pela sua Palavra e pelo seu sacrifício.[26] Nele, afirma Paulo aos Filipenses, Deus dá o nome que está acima de todos os nomes: "Por isso, Deus o exaltou acima de tudo e lhe deu o nome que está acima de todo nome".[27]

Tertuliano explicava que a expressão "santificado seja o teu nome" não é um pedido que fazemos ao Santo para santificar a si mesmo, mas é uma súplica em que pedimos que "seja santificado em nós o teu santo nome".[28] É Deus, o Santo, que na sua misericórdia nos santifica, nos transforma... De nossa parte, devemos dar testemunho de seu amor e ser sinal da santidade de Deus no meio do mundo.[29] Ele é o Santo e deseja que a nossa vida seja um reflexo de sua santidade. Jesus dizia aos discípulos: "Assim também brilhe a vossa luz diante dos homens, para que vejam as vossas boas obras e glorifiquem o vosso Pai que está nos céus".[30]

São Francisco de Assis, na sua paráfrase sobre o Pai-Nosso, recorda uma expressão da Carta de São Paulo aos Efésios.[31] O santo de Assis rezou assim: "Santificado seja o teu nome: Que o conhecimento de ti mais se clarifique em nós, para conhecermos qual é

---

[25] Jo 17,26.
[26] Cf. *Catecismo da Igreja Católica*, n. 2812.
[27] Fl 2,9.
[28] Cf. HAMMAN, A. *Il Padre nostro letto dai Padri della Chiesa*. Roma: Castelvecchi, 2017, p. 9.
[29] Todos são chamados à santidade. Se, no Sermão da Montanha, Jesus nos diz: "Sede, portanto, perfeitos como vosso Pai celeste é perfeito" (Mt 5,48), em Levítico encontramos uma frase onde Deus convoca os seus filhos à santidade: "Santificai-vos e sede santos, porque eu sou o Senhor, vosso Deus" (Lv 20,7).
[30] Mt 5,16.
[31] Cf. Ef 3,18.

a largura de vossos benefícios, a grandeza das vossas promessas, a altura da vossa majestade, e a profundidade dos vossos juízos".[32]

Nós juramos fidelidade, mas Deus é o único fiel que cumpre plenamente a sua parte na aliança. Os profetas denunciaram nossas infidelidades e anunciaram a chegada do Messias. O Pai enviou-nos Jesus, o seu Filho unigênito, para nos salvar. Ele se fez carne no seio da Virgem Maria e nos revelou o novo nome de Deus: o Pai, Pai nosso. Nas águas do Batismo, somos santificados e chamados à santidade.[33] É mediante a infusão do Espírito Santo no Batismo que nos tornamos santos e santificados.[34] Mas todos os dias, observa Santo Agostinho, precisamos pedir ao Pai que nos purifique e nos ajude a perseverar na santidade, para que seu santo nome jamais seja desprezado.[35]

Santificamos o nome de Deus não apenas quando repetimos "Senhor, Senhor", mas quando somos testemunhas de seu amor, mesmo nos momentos de sofrimento, de calvário e de cruz. Santificar significa exaltar, reconhecer e glorificar o santo nome de Deus. É amá-lo de todo coração e com toda a nossa força.[36] É rezar e traduzir na vida diária as palavras que pronunciamos no hino de louvor na celebração litúrgica: "só vós sois o Santo, só vós o Senhor, só vós o Altíssimo Jesus Cristo, com o Espírito Santo, na glória de Deus Pai. Amém".

---

[32] MOVIMENTO FRANCESCANO. *Fonti Francescane I, Commento al Pater Noster*. Assisi, 1977, p. 180.

[33] Ulrich observa que São Gregório de Nissa já considerava o Pai-Nosso como uma iniciação à oração e introdução a uma vida santa. Cf. ULRICH, L. *Matteo 1*. Brescia: Paidea, 2006, p. 499.

[34] Cf. Rm 1,4.

[35] Cf. HAMMAN, A., op. cit., pp. 75-76.

[36] Cf. Mc 12,30.

IV

O Reino do Pai

"Venha o teu Reino" (Mt 6,10a).

O segundo pedido do Pai-Nosso sinaliza para a chegada do Reino de Deus. O Mestre não cria novas palavras, mas adota uma expressão já conhecida dos judeus para ensinar os discípulos a pedirem ao Pai que apresse a chegada do Reino.[1] Cremos que esse é o ponto central da Oração do Senhor, condensando todos os demais pedidos do Pai-Nosso.[2] O pedido "venha o teu Reino" aparece no centro do primeiro bloco da Oração do Senhor, entre os outros dois pedidos que também apontam para o Pai: "Santificado seja o teu nome" e "Seja feita a tua vontade, como no céu, assim também na terra". Há uma clara e profunda relação entre os três pedidos iniciais do Pai-Nosso. Pois, ao manifestar o Reino, Deus é "santificado", e, assim, se cumpre a sua divina vontade.

---

[1] Os primeiros pedidos do Pai-Nosso não são palavras inventadas por Jesus, mas expressões já conhecidas e utilizadas nas devoções dos judeus. Cf. MARUCCI, C. *Il* Padre nostro e la sua traduzione. *Civiltà Cattolica*, Roma, pp. 338-350, 1996.

[2] Segundo Ledrus, o pedido "venha o teu Reino" está no centro e condensa todos os demais pedidos do Pai-Nosso. Este autor observa que todos os pedidos da Oração do Senhor aparecem de modo orgânico com o seu respectivo e sublime objeto. Cf. LEDRUS, M. *Il Padre nostro preghiera evangélica*. Roma: Borla, 1981, p. 15.

Atualmente, prefere-se a expressão "reinado de Deus" à expressão "Reino de Deus" ou "Reino dos céus". A forma "reinado de Deus" assinala a realidade dinâmica do senhorio de Deus na história, ao passo que a expressão Reino de Deus é mais estática. De qualquer maneira, as três formas – "Reino de Deus", "Reino dos céus" e "reinado de Deus" – apontam para a mesma realidade.[3] Mateus é o único evangelista que usa a expressão "Reino dos céus", para não citar o nome Deus no ambiente judaico no qual se encontra. Dessa maneira, ele evita de escandalizar os judeus e ferir o mandamento da lei de Moisés: "Não tomarás o nome do Senhor, teu Deus, em vão".[4]

"Venha o teu Reino" é um pedido que sinaliza para a direção do futuro, a dimensão escatológica do Reino, quando Deus manifestará sua majestade de modo definitivo. São Paulo, dirigindo-se à comunidade de Corinto, assinala a meta escatológica do Reino, quando Cristo entregará tudo ao Pai, para que "Deus seja tudo em todos".[5] Mas esse pedido também mostra a atividade de Jesus que já inaugurou o Reino de Deus na história,[6] e recorda a missão da Igreja chamada, entre desafios e esperanças, a continuar a obra do Filho no mundo.

---

[3] Alguns autores adotam também a expressão "domínio de Deus". Cf. LOHFINK, G. *Jesus de Nazaré. O que ele queria? Quem ele era?* Petrópolis: Vozes, 2015, pp. 39-81.

[4] Cf. Ex 20,7. A expressão "Reino dos céus" encontramos em: Mt 3,2; 4,17; 5,3.10.19.20; 7,21; 8,11; 10,7; 11,11.12; 13,11.24.31.33.44.45.47.52; 16,19; 18,1.3.4.23; 19,12.14.23.24; 20,1; 22,2; 23,12; 25,1. Mateus também usa outras expressões como: "Reino de Deus", "Reino do Pai", "Reino de Jesus" ou, simplesmente, "Reino".

[5] 1Cor 15,24.28.

[6] O *Catecismo da Igreja Católica* explica que a palavra "basileia" pode ser traduzida de três formas: na forma abstrata, indica a "realeza", na forma concreta, pode ser traduzida por "reino", ou na forma de uma ação: significando "reinado". Cf. *Catecismo da Igreja Católica*, n. 2816.

O Reino é uma realidade que já nos foi dada na pessoa de Jesus, mas também aponta para o futuro ainda não realizado. Jesus realizou o Reino nas curas, nas pregações, nos exorcismos e na sua páscoa. O Reino é um presente de Deus que desce do céu e compromete a Igreja na sua missão no mundo. Como filhos e membros da comunidade de fé, queremos acolher o Reino de Deus. Em Jesus, o Pai nos dá o Reino que "é justiça e paz e alegria no Espírito Santo".[7]

O Reino tem uma dimensão escatológica – "ainda não" – que será plenamente realizada no futuro. Mas o Reino – "já" – é uma realidade presente no meio de nós. Nós rezamos o Pai-Nosso com a viva esperança de ver o Reino de Deus se dilatar sobre a terra. Que o Pai santifique o seu santo nome e se apresente como rei, e que sua realeza preencha a nossa história com a instauração dos tempos futuros. Então, escutaremos a voz do Senhor: "Vinde, benditos de meu Pai! Recebei em herança o Reino que meu Pai vos preparou desde a criação do mundo; pois eu estava com fome, e me destes de comer; estava com sede, e me destes de beber; eu era forasteiro, e me recebestes em casa, estava nu, e me vestistes...".[8]

O MESSIAS, ESPERANÇA DO POVO DE ISRAEL

O povo de Israel passou do sistema de organização em tribos à monarquia. O velho Samuel alertou o povo sobre os riscos de instaurar uma monarquia, mas Israel insistiu pedindo um rei: "Olha, tu estás velho, e teus filhos não seguem os teus caminhos. Por isso, estabelece sobre nós um rei para que nos governe, como

---

[7] Cf. Rm 14,17.
[8] Mt 25,34-46.

o têm todas as nações".⁹ Assim começou a ruína de Israel diante de uma monarquia que estava cada vez mais distante de Deus e da lei dada a Moisés. Os reis de Israel levaram o povo de Deus a uma grande desilusão.¹⁰ Pouco a pouco, nasceu no coração dos israelitas a fé no Messias – o Cristo –, o ungido de Deus que faria desse povo uma grande nação aos olhos do Senhor. Nesse longo processo, destacamos a importância e o papel dos profetas que criticavam a monarquia e seus reis e despertavam a esperança no Messias que instaurará um reino de justiça e paz, sinal da soberania de Deus.

Os profetas anunciaram o Reino de Deus como uma realidade futura, mas Jesus inicia a sua pregação convidando à conversão e afirmando a proximidade do Reino: "Arrependei-vos, pois, o Reino dos céus está próximo".¹¹ Ele andava por toda a Galileia e "percorria as cidades e povoados proclamando o Evangelho do Reino".¹² Nele, a boa notícia que o povo de Deus aguardava com tanta esperança se faz realidade. Jesus começou na Galileia a anunciar a chegada do Reino e logo chamou os primeiros discípulos à beira do mar.¹³ Jesus é o Reino de Deus. Nele o Reino é uma realidade que se identifica plenamente com a sua pessoa. Onde Jesus está, o Reino de Deus está presente. O próprio João Batista enviou os seus discípulos para perguntar a Jesus: "És tu, aquele que há de vir, ou devemos esperar outro? Jesus respondeu-lhes: 'Ide contar a João o que estais ouvindo e vendo: cegos recobram a vista, paralíticos andam, leprosos são purificados, surdos ouvem...'".¹⁴

---

⁹ 1Sm 8,10.
¹⁰ Cf. Jz 9,7-15.
¹¹ Mt 3,2.
¹² Mt 4,23; 9,35.
¹³ Cf. Mc 1,14-20.
¹⁴ Mt 11,2-6.

O Reino de Deus é o coração da mensagem de Jesus. Israel mantinha viva a esperança da chegada do Messias enviado por Deus para restaurar o seu reinado na história. O Reino não se reduz a uma dimensão sociopolítica no interior da sociedade e tampouco pode ser confundido com a Igreja missionária chamada a trabalhar pelo reinado de Deus no mundo.[15] Também não podemos simplesmente identificá-lo com o paraíso ainda distante. Quando rezamos pela vinda do Reino, reconhecemos que ele não é uma conquista do esforço humano, mas sim um dom e uma missão. O reinado de Deus se manifesta na fraternidade dos seus filhos e na vitória sobre o egoísmo e as injustiças. Claro que o Reino de Deus não se reduz às realidades deste mundo ou à utopia de uma sociedade igualitária – sem classes.[16] Jesus mesmo disse que o seu Reino não é deste mundo.[17] Ele é o Senhor dos céus e da terra, o rei que nos ensina a lavar os pés uns dos outros e que, por amor, se entregou na cruz. É o Filho primogênito que nos orienta: "Buscai em primeiro lugar o Reino de Deus e sua justiça, e todas essas coisas vos serão dadas por acréscimo".[18]

---

[15] No Documento do Concílio Vaticano II sobre a Igreja, lemos: "O Senhor Jesus deu início à sua Igreja pregando a boa-nova do advento do Reino de Deus prometido desde há séculos nas Escrituras /.../ Este Reino manifesta-se na palavra, nas obras e na presença de Cristo /.../ Mas este Reino manifesta-se sobretudo na própria pessoa de Cristo, Filho de Deus e Filho do homem, que veio 'para servir e dar a sua vida em redenção por muitos'. /.../ A Igreja, enriquecida com os dons do seu fundador e guardando fielmente os seus preceitos de caridade, de humildade e de abnegação, recebe a missão de anunciar e instaurar o Reino de Cristo e de Deus em todos os povos e constitui o germe e o princípio deste mesmo Reino na terra. Enquanto vai crescendo, suspira pela consumação do Reino e espera e deseja juntar-se ao seu rei na glória. /.../ A Igreja é a agricultura ou o campo de Deus... A Igreja é também muitas vezes chamada construção de Deus...". Cf. *Lumen Gentium*, nn. 5-6.

[16] Cf. BENTO XVI. *Jesús de Nazaret I. Desde el Bautismo a la Transfiguración*. Madrid: La esfera de los libros, 2007, p. 180.

[17] Cf. Jo 18,36.

[18] Mt 6,33.

ACOLHER, SEMEAR E ESPERAR O REINO

Na Oração do Senhor, encontramos vários temas que se fundem e se iluminam, como é o caso do Reino e da paternidade de Deus. O Reino é do Pai e, depois de pedir que ele santifique o seu santo nome, imploramos que manifeste a sua realeza universal quando os "justos brilharão como o sol".[19] Ao pedir a vinda do Reino, assumimos um processo de conversão que se traduz em nossa incansável e constante busca de adesão à mensagem e à pessoa de Jesus. Trata-se de uma conversão contínua, em que somos chamados a discernir a vontade do Pai que está nos céus. Na prática significa renunciar a todos os poderes e formas de governo dos homens para entrar na lógica do Reino de Deus:

> Sabeis que os chefes das nações as dominam e os grandes impõem sua autoridade. Entre vós não seja assim. Quem quiser ser o maior, no meio de vós, seja aquele que vos serve, e quem quiser ser o primeiro, no meio de vós, seja vosso servo, da mesma forma que o Filho do Homem não veio para ser servido, mas para servir e dar a sua vida em resgate por muitos.[20]

Jesus pregou e se identificou plenamente com o Reino. "O Reino é Jesus, é a sua vida, o seu modo de viver, de amar..."[21] Mas em nenhum momento Jesus apresentou um conceito ou uma definição do Reino.[22] Ele costumava usar metáforas e contar parábolas para

---

[19] Cf. Mt 13,43.
[20] Mt 20,25-28.
[21] Cf. MARTINI, C. M. *Il Padre nostro, non sprecate parole*. Milano: San Paolo, 2016, p. 170.
[22] A palavra "reino" aparece 99 vezes nos evangelhos sinóticos, das quais 90 são pronunciadas por Jesus, que em nenhum momento apresenta uma definição do Reino. Cf. MAGGIONI, B. *Padre nostro*. Milano: Vita e Pensiero, 2019, p. 52.

explicar o Reino. Jesus comparou o Reino com a semente lançada na terra, com o fermento que faz crescer a massa, com um tesouro escondido no campo ou uma pérola de grande valor, como uma rede lançada no mar etc.[23] Muitas dessas metáforas mostram que o Reino de Deus ainda é um pequeno "grão de mostarda" que precisa crescer e tornar-se uma grande árvore capaz de abrigar as aves do céu nos seus ramos.[24] É um Reino que no final dos tempos se manifestará na sua plenitude, mas, no presente, deve ser buscado no dia a dia, a partir da vivência do mandamento novo. O Reino dos céus não chegará na sua plenitude pelo mérito de nossas boas obras, mas pela força de Deus: "quando a morte não existirá mais, e não haverá mais luto, nem grito, nem dor, porque as coisas de antes passaram".[25] Não se trata de um processo que vai aos poucos se desenvolvendo ao longo da história, mas de um evento único e decisivo que exige de nós uma profunda conversão.

O Pai-Nosso é uma oração exigente e comprometedora. Se observarmos as parábolas que Jesus conta para explicar o Reino de Deus que pedimos na oração, perceberemos claramente qual é o nosso papel e o alcance da missão. Cabe a nós a tarefa de semear o Reino, aguardar com esperança pelo milagre da semente que amadurece silenciosamente e, depois, recolher os seus frutos.[26] Nós avançamos com a confiança e a fé de semeadores do Reino, na infatigável busca de conversão, para que Deus realmente reine dentro de nós.[27] São Paulo já chamava a atenção da comunidade

---

[23] Mc 4,30; Mt 13,33.44-52.
[24] Cf. Mt 13,31-32.
[25] Ap 21,4.
[26] Cf. Mc 4,26-29.
[27] Cf. Orígenes de Alexandria, teólogo da Igreja grega (185-253), que nos recorda que "o reino do pecado é irreconciliável com o Reino de Deus". Cf. HAMMAN, A. *Il Padre nostro letto dai Padri della Chiesa*. Roma: Castelvecchi, 2017, p. 35.

para a urgência da conversão e a necessidade de abandonarmos o "reino do pecado" para acolhermos o Reino de Deus.[28] Este não chegará pela força humana, como pretendia o grupo dos zelotas e sicários, mas é o dom que os discípulos de Jesus aprenderam a pedir na oração e aguardar com mansidão.[29]

É claro que há uma tensão entre o "já" e o "ainda não" do Reino. No tempo presente, os valores do Reino são buscados em meio a conflitos e contradições e, também, aguardamos o futuro de sua realização plena, que é "o ainda não": "Lembrem-se e se convertam ao Senhor todos os confins da terra /.../ pois do Senhor é o Reino, e é ele que dominará as nações".[30] Mas aprendemos com Jesus a confiar no Pai mesmo nas situações de crises e conflitos. O Espírito Santo acende em nós o desejo de cumprir a sua vontade e acolher o Reino de Deus. Se rezamos, é porque temos fé, caminhamos com confiança em Deus que quer nos salvar, nunca nos abandona e nos convida a construir e habitar no Reino. O Reino é a vida de Deus em nós.

Nesse caminho de conversão e rezando a Oração do Senhor – "Venha o teu Reino" –, recordamos as palavras esperançosas do Apocalipse que soam como uma declaração de amor ao encerrar o Novo Testamento: "Vem, Senhor Jesus – Maranatha".[31] Ao rezar pela chegada do Reino, cultivamos a esperança e o sonho que já pulsavam no coração do profeta Isaías: "A justiça será o cinto de seus flancos, e a fidelidade, o cinturão em volta dos rins. O lobo

---

[28] Cf. Rm 6,12.
[29] Dos vários grupos e movimentos no tempo de Jesus, os zelotas e sicários se destacavam pelas ações agressivas e revolucionárias, na esperança de antecipar a chegada do Reino de Deus. Cf. MAGGIONI, B., op. cit., p. 49.
[30] Cf. Sl 22,28-29.
[31] Ap 22,20. Cf. *Catecismo da Igreja Católica*, n. 2817.

habitará com o cordeiro, e o leopardo se deitará ao lado do cabrito /.../ A criancinha de peito brincará na toca das cobras venenosas e no esconderijo da serpente a desmamada meterá a mão...".[32] Lembramo-nos também da oração e da poesia de um conhecido seguidor de Jesus que entregou a sua vida à causa do Evangelho: "Nunca te canses do Reino. Nunca te canses de falar do Reino. Nunca te canses de fazer o Reino. Nunca te canses de 'semear' o Reino. Nunca te canses de esperar o Reino".[33]

---

[32] Is 11,5-9.
[33] Poema de Dom Pedro Casaldáliga, bispo emérito da Prelazia São Félix no Mato Grosso.

V

A VONTADE DO PAI

"Seja feita a tua vontade, como no céu,
assim também na terra" (Mt 6,10b).

O terceiro pedido da Oração do Senhor – "Seja feita a tua vontade" – reafirma o pedido anterior de que venha o Reino de Deus e se realize a salvação da humanidade. É um apelo a Deus para que se cumpra a sua vontade de salvar a todos e que nenhum de seus filhos se perca.[1] Em Jesus o Pai quer salvar a todos, pois o Filho veio para cumprir a vontade do Pai. Ele desceu do céu para realizar a vontade daquele que o enviou e fazer aquilo que agrada a Deus, aquilo que o Pai mandou.[2] Jesus declarou: "o meu alimento é fazer a vontade daquele que me enviou e levar a termo sua obra".[3] Mas, além dessa vontade transcendental, o Pai também tem uma vontade que nos alcança mediante a vivência dos mandamentos sintetizados no amor a Deus e ao próximo.[4]

O pedido pelo cumprimento da vontade de Deus não aparece na versão do Pai-Nosso segundo Lucas. Interrogamo-nos sobre o porquê de tal ausência, uma vez que tal pedido corresponde plenamente ao desejo de Jesus que veio para cumprir a vontade do

---

[1] Cf. Mt 18,14.
[2] Cf. Mt 26,39.42; Jo 6,38; 8,29; 14,31.
[3] Jo 4,34.
[4] Cf. *Catecismo da Igreja Católica*, n. 2822.

Pai e consumar a sua obra. Não faz sentido imaginar que estamos diante de uma supressão de Lucas. A originalidade deste evangelista está na omissão que manifesta sua profundidade.[5] Lucas, assim como Paulo, vê a vontade de Deus como um movimento do Espírito Santo sobre cada um de nós. É o Espírito que nos move para cumprirmos a vontade do Pai no dia a dia da vida. Compete a nós permanecermos abertos ao Espírito Santo que nos orienta no cumprimento da vontade divina que vamos discernindo no cotidiano do caminho.

A expressão "vontade de Deus" aparece seis vezes no Evangelho de Mateus, uma no texto de Marcos e quatro vezes em Lucas.[6] Orígenes dizia que, quando a vontade de Deus se realiza na terra, a terra não é mais terra e torna-se céu.[7] É importante notar que a vontade do Pai se realiza mediante a sua iniciativa e a nossa livre adesão ao projeto do Reino anunciado por Jesus. Deus tem uma vontade conosco e para nós, que, quando cumprida, nos leva à realidade do céu: "onde se cumpre a vontade de Deus está o céu".[8] Não se trata de um pedido ou de uma simples prece de resignação, mas de algo que nos compromete a acolher a mensagem de Jesus para que o Reino aconteça em nós. É trazer no coração as bem-aventuranças do Sermão da Montanha: "Bem-aventurados os pobres no espírito, pois deles é o Reino dos céus...".[9] O Pai nos escolheu antes de criar

---

[5] Cf. VANNI, U. Il Padre nostro II. *Civiltà Cattolica*, III, Roma, p. 478, 1993.

[6] Cf. FAUSTI, S. *Una comunità legge il vangelo di Matteo*. Milano: Dehoniano, 2016, p. 101.

[7] Cf. HAMMAN, A. *Il Padre nostro letto dai Padri della Chiesa*. Roma: Castelvecchi, 2017, p. 37.

[8] Cf. BENTO XVI. *Jesús de Nazaret I. Desde el Bautismo a la Transfiguración*. Madrid: La esfera de los libros, 2007, pp. 182-183.

[9] Mt 5,1-12.

o mundo para que possamos vivenciar o mandamento novo que nos faz "santos e íntegros diante dele... conforme o designo benevolente de sua vontade".[10]

A vontade de Deus condensada em Jesus não é algo que devemos buscar ou tentar descobrir. Na verdade, o Pai nos dá a graça de querer e fazer o que é do seu agrado, e espera que possamos acolher a pessoa de Jesus.[11] Ele, o Filho, nos convida a participar de sua família: "Todo aquele que faz a vontade de meu Pai, que estás nos céus, esse é meu irmão, minha irmã e minha mãe".[12] De nossa parte, queremos e nos esforçamos em cumprir a vontade do Pai, que a sua santidade seja reconhecida por todos e que definitivamente nos chegue o dom do Reino.

ATÉ AS ÚLTIMAS CONSEQUÊNCIAS

Jesus nos ensina a cumprir a vontade do Pai até as últimas consequências. Mesmo nos momentos difíceis, ele se abandona com fé nas mãos do Pai: "Meu Pai, se possível, passe de mim este cálice. Contudo, não seja como eu quero, mas como tu queres /.../ Meu Pai, se este cálice não pode passar sem que eu beba, seja feita a tua vontade".[13] Não rezamos para mudar a vontade de Deus que é perfeita e imutável. A oração não é para mudar Deus, mas para mudar a pessoa do orante. Quando acolhemos e cumprimos a vontade do Pai, a exemplo de Jesus no Getsêmani, as palavras de nossas preces silenciam e nos tornamos uma oração vivente. Nós rezamos

---

[10] Ef 1,4-5.
[11] Cf. Fl 2,13.
[12] Mt 12,50.
[13] Mt 26,39-42.

e nos entregamos com confiança filial nas mãos do Pai. Ele conta conosco, dele somos colaboradores, como recorda São Paulo às comunidades.[14] Nesse contexto olhamos para a jovem Maria de Nazaré que acolheu com generosidade a vontade do Senhor com um "sim" corajoso e decisivo. Sua resposta confiante em Deus mudou radicalmente a sua vida e a história do seu povo. Ela é modelo de pessoa orante – oração vivente – que acolhe a proposta do Pai, se autodefine "serva" do Senhor e realiza a sua vontade.[15]

Algumas vezes pensamos que cumprir a vontade do Pai é praticar obras de misericórdia, frequentar a igreja, participar das atividades na comunidade e esforçar-se para ser um bom cristão. Tudo isso é importante, mas não significa necessariamente que estamos abertos a realizar a vontade do Pai. Sua divina vontade não se reduz ao cumprimento de certas normas ou à prática de boas ações. Não podemos esquecer que tudo o que Deus deseja já se manifestou na pessoa, na mensagem e na vida de Jesus, o Filho. O Pai quer reunir todos os seus filhos entorno a Jesus que veio para realizar a sua vontade.[16]

É na oração que Deus nos revela a sua vontade, que não se reduz a transformar as estruturas deste mundo de injustiças em uma espécie de "paraíso terrestre", mas a experimentar na vida presente a realidade da vida futura com o Pai.[17] Pela oração, podemos discernir a vontade de Deus e entrar no seu Reino.[18] Na oração do

---

[14] Cf. 1Cor 3,9; 2Cor 6,1.
[15] Cf. MAIA, G. L. *Nos passos de Maria de Nazaré, visitação de Nossa Senhora a Isabel e o cântico do Magnificat*. São Paulo: Fontenele, 2019, p. 27.
[16] Cf. Hb 10,9.
[17] Cf. LEDRUS, M. *Il Padre nostro, preghiera evangelica*. Roma: Borla, 1981, p. 94.
[18] Cf. *Catecismo da Igreja Católica*, n. 2826.

Pai-Nosso, Jesus nos convida a abrirmos à ação do Espírito Santo que nos ilumina e ajuda a cumprir a vontade de Deus. Novamente ecoam as palavras de Maria quando, nas Bodas de Caná orienta os servos: "Fazei tudo o que ele vos disser!".[19] Maria nos chama a acolher e a realizar a vontade do Pai revelada no Filho.

Somos chamados a conhecer a vontade do Pai, caso contrário, não experimentaremos a sua paz. Conhecer e cumprir a vontade de Deus é fundamental para a nossa paz interior, para a nossa verdade e para a autenticidade da vida.[20] Aqui está a luta incansável que travamos ao longo do caminho, na busca por superar o egoísmo e nos dedicarmos à construção do Reino e nele habitar.

Jesus é um homem livre, tem suas iniciativas e plena liberdade para aceitar ou rejeitar as alternativas que a vida lhe apresenta ao longo do caminho. Mas a sua vontade está em perfeita sintonia com aquela do Pai. O Filho não busca outra coisa senão cumprir plenamente a vontade daquele que o enviou. Jesus é totalmente livre e ao mesmo tempo submisso à vontade de Deus.[21] É livre, enquanto possui vontade própria e não se submete à "tradição" dos escribas e fariseus que, dentre outras coisas, gostavam de rezar de modo exibicionista nas esquinas e praças. O Filho busca realizar radicalmente a vontade de Deus e cumprir a sua obra sendo obediente até a morte, e morte de cruz.[22]

---

[19] Jo 2,5.

[20] Cf. MARTINI, C. M., *Il Padre nostro, non sprecate parole*. Milano: San Paolo, 2016, p. 188.

[21] Sobre o tema da liberdade e da fidelidade de Jesus cujo alimento era cumprir a vontade do Pai (cf. Jo 4,34), confira: MAIA, G. L. A missão dos discípulos: continuar a obra do Verbo encarnado. *Studi Rogazionisti* 50, Roma, pp. 12-75, luglio-dicembre 1995.

[22] Cf. Fl 2,8.

CHAMADOS A REALIZAR A VONTADE DE DEUS

Nos três pedidos feitos ao Pai: que o "teu nome seja santificado", que venha o "teu Reino" e se cumpra a "tua vontade", percebemos a presença de dois aspectos que compõem o primeiro bloco da Oração do Senhor. Um aspecto indica a transcendência de Deus e o outro alcança cada um de nós, chamados, desde a nossa liberdade, a acolher e realizar a vontade do Pai. A vontade de Jesus – que é exatamente a mesma do Pai – é de que o Reino de Deus se estabeleça na terra. Mas, em nenhum momento, o vemos pedir aos discípulos uma atitude de submissão cega diante da vontade do Pai ou apresentá-la como algo fatalista. Pelo contrário, o Mestre nos ensina a confiar plenamente no Pai que sempre dá coisas boas aos que lhe pedirem.[23] O Papa Francisco, em sua catequese sobre o Pai-Nosso, nos recorda de que rezar "seja feita a tua vontade" não significa que nos devemos submeter aos reinos deste mundo. O papa nos ensina que:

> não somos convidados a inclinar servilmente a cabeça, como se fôssemos escravos. Não! Deus quer-nos livres; é o seu amor que nos liberta. Com efeito, o "Pai-Nosso" é a oração dos filhos, não dos escravos; mas dos filhos que conhecem o coração do seu Pai e têm a certeza do seu desígnio de amor. Ai de nós se, pronunciando estas palavras, levantarmos os ombros em sinal de rendição diante de um destino que nos repugna e que não conseguimos mudar. Ao contrário, é uma oração cheia de confiança fervorosa em Deus que quer para nós o bem, a vida, a salvação. Uma oração corajosa, até combativa, pois há no mundo muitas, demasiadas realidades que não são segundo os planos de Deus.[24]

---

[23] Cf. Mt 7,11.
[24] Cf. FRANCISCO. *Catequese sobre o Pai-Nosso – 10*, Audiência Geral, Vaticano, 20 de março de 2019. Disponível em: <https://w2.vatican.va>.

Os três pedidos iniciais do Pai-Nosso são "coroados" pela expressão conclusiva da primeira parte da oração: "como no céu, assim também na terra".[25] Esta expressão abraça os três primeiros pedidos e manifesta a universalidade da Oração do Senhor. Consideramos que tal expressão traz um acento missionário e se repetirá no final do Evangelho de Mateus, quando Jesus dirá aos seus discípulos: "Foi-me dada toda a autoridade no céu e na terra. Ide, pois, e fazei discípulos todos os povos...".[26]

A oração do Pai-Nosso nos conduz ao encontro de Deus e dos irmãos. Ao rezar que "seja feita a tua vontade", nos esvaziamos de nós mesmos e nos entregamos, à semelhança do Mestre, nas mãos do Pai. Superamos a mania de ser autorreferência e nos abrimos à vontade do Pai, que passa pelo amor aos irmãos, especialmente os menores e sofredores. A vontade do Pai é que nenhum de seus "pequenos" se perca, mas todos sejam inseridos na lógica do Reino anunciado por Jesus.[27] O Mestre nos ensina que pedir não é tentar mudar a vontade de Deus, mas entrarmos em sintonia com os planos do Pai: "não seja feita a minha vontade, mas a tua".[28] Deus nos conhece e sabe o que é melhor para cada um de nós e para o bem de todos. Essa é a fé que nos leva a recitar a Oração do Senhor, e esta é a oração que nos coloca no colo do Pai. De coração e à luz

---

[25] "Na Sagrada Escritura, a expressão 'céu e terra' significa tudo aquilo que existe, a criação inteira. Indica também o nexo no interior da criação, que, ao mesmo tempo, une e distingue céu e terra: 'a terra' é o mundo dos homens; 'o céu' ou 'os céus' pode designar o firmamento, mas também o 'lugar' próprio de Deus: 'nosso Pai nos céus', e, por conseguinte, também 'o céu' que é a glória escatológica. Finalmente, a palavra 'céu' indica o 'lugar' das criaturas espirituais – os anjos – que estão ao redor de Deus." Cf. *Catecismo da Igreja Católica*, n. 326.

[26] Cf. MAGGIONI, B. *Il Padre nostro*. Milano: Vita e Pensiero, 2019, p. 65.

[27] Cf. Mt 18,14.

[28] Lc 22,42.

do Espírito Santo, pedimos ao Pai que seja feita a vontade dele na terra e no céu.[29] Tal pedido provoca uma mudança no coração orante que, com humildade, se abandona à vontade de Deus. Abandonamos nossas vontades, quase sempre limitadas e egoístas, para acolhermos o projeto do Pai. Ao fim das contas, na oração, nós acabamos por ouvir de Deus qual o plano e a vontade dele. Realmente Deus nos escuta. A nós toca acolher e realizar a vontade do Pai na terra como no céu – universal. No céu vemos a harmonia dos astros, que, de alguma maneira, sinaliza a nossa harmonia com o Pai – Criador / criação. Importa "não nos conformar com este mundo, mas transformai-nos, pela renovação da mente, para que possamos distinguir o que é da vontade de Deus, a saber, o que é bom, o que lhe agrada, o que é perfeito".[30]

O Reino de Deus – "Senhor do céu e da terra" – é antes de tudo um dom do Pai.[31] Ao acolher a vontade de Deus, somos chamados a nos converter e a dar testemunho do Reino.[32] Jesus deseja estabelecer na terra o Reino do próprio Pai. Ele anuncia a Boa-Nova do Reino com alegria e esperança e nos chama à conversão, a trilhar os caminhos da santidade verdadeira, bem diferente daquela exibida nas esquinas e praças pelos escribas e fariseus.[33] Quando

---

[29] São Cipriano, que considerava o Pai-Nosso como um "compêndio da doutrina celeste", dizia: "o corpo pertence à terra, o espírito ao céu. Então, somos céu e terra e por isso rezamos para que o nosso corpo e a nossa alma cumpram a vontade de Deus. Entre a carne e o espírito há um conflito e uma colisão cotidiana que nunca termina /.../ Devemos pedir com insistência o socorro de Deus... que a vontade de Deus se cumpra no espírito e na carne...". Cf. HAMMAN, A., op. cit., p. 19.

[30] Rm 12,2.

[31] Cf. Mt 11,25.

[32] Cf. Mt 7,21.

[33] Mt 6,5.

rezamos o Pai-Nosso e pedimos que "venha a nós o teu Reino, que seja feita a tua vontade", estamos implorando: "Pai, precisamos de ti! Jesus, precisamos de ti, temos necessidade de que em toda parte e para sempre tu sejas o Senhor no meio de nós!".[34]

Após essas considerações, compreendemos melhor o sentido e o alcance da expressão da Oração do Senhor "seja feita a tua vontade". Não se trata de uma frase de resignação diante dos acontecimentos da vida cotidiana, como os acidentes, as doenças, as catástrofes... Esse pedido não é o *slogan* das pessoas passivas e fatalistas, mas é a manifestação do coração que, de modo esperançoso, eleva ao Pai o desejo de vida plena. A vontade do Pai é que todos tenham vida, e a tenham em abundância.[35] É como reza o poeta: "Seja feita a tua vontade assim na terra como no céu. Que as estrelas morem com os homens. Que o céu se 'reencontre' com a terra...".[36]

Eis uma belíssima oração de um discípulo que se abandonou nas mãos do Mestre e buscou cumprir a sua vontade:

Oração do abandono

Meu Pai,
Eu me abandono a ti.
Faz de mim o que te agradar.
Não importa o que faças de mim, eu te agradeço.
Estou pronto a tudo, eu aceito tudo.
Tomara que tua vontade se faça em mim, em todas tuas criaturas, eu não desejo nada mais, meu Deus.

---

[34] FRANCISCO. *Catequese sobre o Pai-Nosso – 9*, Audiência Geral, Vaticano, 6 de março de 2019. Disponível em: <https://w2.vatican.va>.

[35] Cf. Jo 10,10.

[36] Cf. ALVES, R. *Pai-Nosso, meditações*. São Paulo: Paulinas, 1987, pp. 92-94.

Eu coloco minha alma entre tuas mãos.
Eu a te dou, meu Deus, com todo o amor do meu coração, porque eu te amo, e que é minha necessidade de me colocar em tuas mãos sem medida, com infinita confiança, pois *Tu és meu Pai.*[37]

Charles de Foucauld

---

[37] Cf. <http://www.sacre-coeur-montmartre.com/portugais/oracao/article/oracao-de-abandono>.

VI

O PÃO DO REINO

> "O pão nosso de cada dia dá-nos hoje"
> (Mt 6,11).

Chegamos à parte central da Oração do Senhor. Esse é o quarto dos sete pedidos que encontramos no Pai-Nosso, segundo a versão de Mateus. Se, no primeiro bloco, temos três pedidos com "tu", que começam com os verbos que sinalizam o Pai – Santificado seja o teu nome, venha o teu Reino e seja feita a tua vontade –, no bloco seguinte temos três pedidos com "nós", que indicam as necessidades humanas do pão, do perdão, a superação das tentações e a libertação do mal. No centro da oração e ligando os dois blocos – "tu"/"nós" –, encontramos o pedido que aponta para a realidade simbólica do pão.[1]

O evangelista novamente destaca o aspecto da coletividade: ao Pai nosso pedimos o pão nosso. Talvez Mateus queira dizer-nos que só podemos chamar a Deus de Pai nosso quando o pão também é partilhado entre todos. O pão não é apenas para mim – "o pão meu" –, mas é dado pelo Pai a todos os filhos, bons e maus, com ou sem a fé no Deus providente que nos alimenta. Dessa forma, outra vez somos chamados a nos tornar como crianças que contam com a bondade do Pai e esperam receber o alimento cotidiano essencial

---

[1] Veja o comentário de Giuseppe Crocetti sobre o verbete "pane" em: VIRGILIO, G. *Dizionario Biblico della Vocazione*. Roma: Rogate, pp. 652-657.

para a vida.² É um pedido humilde que nos recorda a passagem do povo pelo deserto, rumo à terra prometida. Lá Deus também alimentava o seu povo dia após dia com o maná, que descia do céu como um dom do Libertador.³

O pedido pelo dom do pão apresenta algumas variações nas versões de Mateus e Lucas. A expressão de Mateus "dá-nos hoje" indica certa urgência e parece pedir o pão só para hoje, assim, amanhã pediremos novamente. Já em Lucas, temos um imperativo presente – "dá-nos" – e a ausência do termo "hoje".⁴ Esse evangelista utiliza a expressão "pão cotidiano" que manifesta a confiança na Providência divina, que também nos alimentará amanhã, segundo as nossas necessidades.⁵ Ao pedir o pão e receber o dom do alimento e o suprimento de suas necessidades, os discípulos estarão em condições de levar adiante a missão de testemunhar e anunciar o Reino de Deus, pelo qual, a convite de Jesus, deixaram as barcas e as redes na praia para serem "pescadores de homens".⁶

---

²   Cf. Mt 18,3-4.
³   Cf. Ex 16.
⁴   Sobre a forma exata desse pedido da Oração do Senhor, verificamos diferentes traduções que assinalam as divergências e abrem um leque de interpretações. No texto da *Vetus latina*, encontramos o termo "cotidiano". Uma versão siríaca traduz como "perpétuo" e outra como "necessário". Na Vulgata de São Jerônimo, temos uma palavra que indica a Eucaristia – substancial. A versão copta traz o termo "amanhã", no sentido de trabalhar hoje e assim garantir o pão do dia seguinte. Cf. MARTINI, C. M. *Il Padre nostro, non sprecate parole*. Milano: San Paolo, 2016, pp. 210-211. Veja também as observações de outro biblista sobre as dificuldades de tradução desse trecho do Pai-Nosso. Cf. MARUCCI, C. Il Padre nostro e la sua traduzione. *Civiltà Cattolica*, Roma, p. 346, 1996.
⁵   Cf. MAGGIONI, B. *Il Padre nostro*. Milano: Vita e Pensiero, 2019, p. 73.
⁶   Cf. Lc 5,10.

O pão é um alimento simbólico e, na Sagrada Escritura, ele é muito significativo. Nos Evangelhos o pão ocupa um lugar importante e aparece em diferentes momentos da vida de Jesus. Recordamos, por exemplo, as tentações no deserto, quando o demônio pede para Jesus transformar as pedras em pães, os milagres das multiplicações dos pães e, de modo especial, o pão da Última Ceia.[7] O pão representa as necessidades básicas do ser humano, é sinal de comunhão da família entorno da mesa, indica a partilha e a fraternidade.

No interior de muitas casas, e principalmente nos mosteiros, o pão não é partido com uma faca, mas com as mãos humildes e solidárias, que nos remetem ao gesto litúrgico da celebração eucarística. Ele tem algo de sagrado e representa os dons de Deus para a humanidade. Por isso, jamais se joga um pedaço de pão no lixo, pois tal atitude seria um descaso ao maná que "caiu do céu" e uma contradição diante da fome de milhões de irmãos que vivem em situação miserável nas diferentes áreas do mundo.

> O pão é o símbolo do alimento humano... por mais altos que forem os voos do espírito, por mais profundos os mergulhos da mística, por mais metafísicos os pensamentos abstratos, o ser humano sempre depende de um pouco de pão, de um copo de água, enfim, de uma pequena porção de matéria.[8]

A expressão "o pão nosso" aponta para a fraternidade que caracteriza a vida das comunidades cristãs: "A multidão dos fiéis era

---

[7] Cf. BENTO XVI. *Jesús de Nazaret I. Desde el Bautismo a la Transfiguración.* Madrid: La esfera de los libros, 2007, p. 191.
[8] BOFF. L. *O Pai-Nosso. A oração da libertação integral.* Petrópolis: Vozes, 1979. p. 92.

um só coração e uma só alma. Ninguém considerava suas as coisas que possuía, mas tudo entre eles era posto em comum".⁹ O evangelista enfatiza que Deus é Pai de todos e que os bens – os pães – devem ser distribuídos segundo as necessidades de cada membro de sua família.¹⁰ Prevalece também o tema da caridade e da justiça do Reino, onde não é aceitável que os "pequenos" fiquem sem o necessário para uma vida digna de filhos de Deus.¹¹ O pão também pode designar o trabalho humano, por meio do qual ganhamos o sustento com o suor do rosto na "fadiga pelo Reino".¹² São Paulo, escrevendo às comunidades, recorda que o pão deve ser ganhado mediante o trabalho, e não ser fruto do suor alheio.¹³ Ou como sintetiza o lema de São Bento: "ora et labora".

O DOM DE CADA DIA

Com a liberdade e a confiança de filhos, nos dirigimos ao Pai pedindo o pão cotidiano. Assim manifestamos a fé naquele que nos alimenta no dia a dia do caminho. É um pedido humilde, de um coração simples e confiante na bondade do Senhor. Pedimos o "pão nosso", para mim e para todos. Uns pedindo para os outros, como família que conhece a generosidade do Pai. Ao pedir o

---

[9] Claro que nas primeiras comunidades havia desentendimentos, conflitos e desafios a serem superados. É evidente que Lucas apresenta os primeiros cristãos de modo idealizado. Mais que descrever a vida das primeiras comunidades, o evangelista nos oferece um paradigma para ser referência às comunidades de ontem, de hoje e do futuro (At 4,32).

[10] Cf. Lv 26,5.

[11] Cf. MAGGIONI, B., op. cit., pp. 77-78.

[12] Cf. LEDRUS, M. *Il Padre nostro, preghiera evangelica*. Roma: Borla, 1981, p. 79.

[13] Cf. Rm 4,4-5; 2Ts 3,6-18.

pão de cada dia sem nada acumular, manifestamos nossa adesão à lógica do Reino de Deus, tão diferente do reino deste mundo, marcado pela ganância e pelo egoísmo. Também expressamos o desejo de permanecermos pobres e caminharmos pela vida afora, dependentes de Deus. Portanto, o Pai-Nosso não é a oração dos ricos, que têm pão com fartura todos os dias, mas sim a súplica dos bem-aventurados do Reino, gente solidária que espera pela bondade do Pai. É a oração dos pobres que caminham com confiança filial no Pai que exalta os de condição humilde, sacia os famintos e despede os ricos sem nada, conforme canta Maria no *Magnificat*, ao constatar as maravilhas e as reviravoltas de Deus na sua vida e na história de Israel, seu povo.[14]

Jesus orientou os discípulos a partir para a missão revestidos de pobreza: "Ide! Eu vos envio como cordeiros para o meio de lobos. Não leveis bolsa, nem sacola, nem sandálias...".[15] Fiéis a essa orientação do Mestre, os discípulos – aqueles itinerantes e também os demais seguidores de Jesus – devem confiar na Providência e pedir o pão a cada dia, sem nada acumular.[16] A confiança na Providência não significa que os discípulos estão dispensados do trabalho e do esforço cotidiano para suprir as suas necessidades físicas. Jesus nos convida a acolher a lógica do Reino de Deus que contradiz a ideologia do lucro indevido e a tentação de acumular, como recorda a parábola do rico insensato: "Deus, porém, lhe disse: 'Insensato!

---

[14] Cf. MAIA, G. L. *Nos passos de Maria de Nazaré, visitação de Nossa Senhora a Isabel e o cântico do Magnificat*. São Paulo: Fontenele, 2019, pp. 69-73.

[15] Lc 10,3-12.

[16] O Papa Francisco, ainda nos primeiros dias de seu pontificado, manifestou o desejo de "uma Igreja pobre e para os pobres". Cf. L'OSSERVATORE ROMANO, 17 de março de 2013. Cf. <http://www.osservatoreromano.va/pt/news/uma-igreja-pobre-e-para-os-pobres>.

Ainda nesta noite vão tomar a tua vida. E o que acumulaste, para quem será?'".[17]

A expressão "pão nosso", seguida pelo complemento "de cada dia dá-nos hoje", nos compromete e nos convida à solidariedade com os irmãos que passam dificuldades e muitas carências. Essa oração nos convoca a incrementar o processo de conversão, pois para o "pão" ser "nosso" precisamos transformar a sociedade, com seus mecanismos e estruturas injustas.[18] A conversão coletiva é a condição para que a nossa oração seja verdadeira e não farisaica.[19] O Papa Francisco nos recorda que na Oração do Senhor elevamos ao Pai uma prece de quem não é autossuficiente, mas grita pedindo pelo pão.[20]

---

[17] Cf. Lc 12,20.

[18] Cesário de Arles, no século VI, comentava: "O pobre te pede um pedaço de pão, e tu pedes a Deus a vida eterna. /.../ Eu não consigo entender como podes pretender de receber aquilo que rejeitas doar". Cf. In: OLIVER, Clément; BENOIT, Standaert. *Pregare il Padre nostro*, Qiqajon, Magnano, 1989, p. 61.

[19] Cf. BOFF, L., op. cit., p. 95.

[20] Papa Francisco comenta: "Por conseguinte, Jesus ensina a pedir ao Pai o pão de cada dia. E ensina-nos a fazê-lo juntamente com muitos homens e mulheres, para os quais esta prece é um grito — muitas vezes abafado — que acompanha a ansiedade de todos os dias. Quantas mães e quantos pais, ainda hoje, vão dormir com o tormento de não ter no dia seguinte o pão suficiente para os próprios filhos! Imaginemos esta oração recitada não na segurança de um apartamento confortável, mas na precariedade de um ambiente ao qual se adapta, onde falta o necessário para viver. As palavras de Jesus assumem uma força nova. A oração cristã começa por este nível. Não é um exercício para ascetas; parte da realidade, do coração e da carne de pessoas que vivem em necessidade, ou que partilham a condição de quem não dispõe do necessário para viver. Nem sequer os místicos cristãos mais elevados podem prescindir da simplicidade deste pedido. 'Pai, faz com que para nós e para todos, hoje, haja o pão necessário.' E 'pão' significa água, medicamentos, casa, trabalho... Pedir o necessário para viver". Cf. FRANCISCO. *Catequese sobre o Pai-Nosso – 11*, Audiência Geral, Vaticano, 27 de março de 2019. Disponível em: <https://w2.vatican.va>.

O verdadeiro alimento dos seguidores de Jesus é dom de Deus. Nele está a confiança dos discípulos que conhecem o coração do Pai. O Mestre nos convida a nos dedicarmos à causa do Reino, que pertence aos pobres no espírito e nos dispensa das preocupações com os pães e com todos os bens materiais que eles representam.[21] São Pedro Crisóstomo, doutor da Igreja e brilhante orador, meditava em seu sermão: "Cristo é o pão semeado na Virgem, levedado na carne, amassado na paixão, cozido no forno do sepulcro, guardado em reserva na Igreja, levado aos altares, fornece cada dia aos fiéis um alimento celeste".[22] Na Eucaristia somos chamados a nutrir-nos de pão, celebrar o dom do céu e agradecer a Deus.

O PÃO DA VIDA

A expressão da Oração do Senhor "pão nosso de cada dia dá-nos hoje", além do significado literal, que aponta para o alimento e as necessidades materiais, recebe também um significado espiritual. São Cipriano reconhecia nesse pedido dois sentidos: um espiritual e outro literal. E afirmava que ambas as interpretações contribuem no designío da Providência para a nossa salvação. Já Orígenes descarta uma interpretação material e afirma que Jesus é o "Mestre das coisas celestes". Segundo Orígenes, o pão é o Verbo de Deus, o Cristo.[23]

O "pão" indica a Eucaristia e sinaliza também para a Palavra de Deus. Jesus disse: "Eu sou o pão vivo que desceu do céu. Quem comer

---

[21] Cf. Mt 5,3; Mc 6,8.
[22] Sermão de São Pedro Crisólogo – "palavra de ouro" –, bispo de Ravena morto no ano 450, citado no *Catecismo da Igreja Católica*. Cf. *Catecismo da Igreja Católica*, n. 2837.
[23] Cf. HAMMAN, A., op. cit., pp. 20 e 38.

deste pão, viverá eternamente. E o pão que eu darei é a minha carne, para a vida do mundo". E, ao ser tentado no deserto, respondeu: "o homem não vive somente de pão, mas de toda palavra que sai da boca de Deus".[24] Jesus é a Palavra do Pai. Ele encarnou a Palavra de Deus na sua vida, a ponto de declarar: "Quem me viu, viu o Pai".[25] Santo Agostinho reconhece o tríplice significado do "pão" na Oração do Senhor. Para ele, o pão tem um sentido literal que aponta para as necessidades materiais, mas também indica a Eucaristia e a Palavra de Deus.[26]

A Eucaristia é o dom do pão, quando Deus doa a si mesmo no Filho. O Mestre falou: "Não foi Moisés quem vos deu o pão do céu. Meu Pai é quem vos dá o verdadeiro pão do céu /.../ Eles então pediram: 'Senhor, dá-nos sempre desse pão!' Jesus lhes disse: 'Eu sou o pão da vida. Quem vem a mim nunca mais terá fome, e quem crê em mim nunca mais terá sede'".[27] Dessa maneira, fica claro que o pedido pelo pão indica não só as necessidades humanas do alimento, do trabalho... mas também o dom da Eucaristia. Ela é o Reino de Deus no meio de nós, é o pão e sustento dos operários da messe do Senhor.[28] De uma parte, temos os graves problemas sociais, as injustiças e o drama da fome no mundo, que reclamam a nossa responsabilidade diante dos irmãos que sofrem. De outra, temos o pão eucarístico, que é o próprio Cristo que nos alimenta e sustenta na construção do Reino.[29] Somos peregrinos, com ne-

---

[24] Jo 6,51; Mt 4,4.
[25] Jo 14,9.
[26] Cf. ULRICH, L. *Matteo 1*. Brescia: Paidea, 2006, p. 508.
[27] Jo 6,32-35.
[28] Cf. Mt 9,38; Lc 10,2.
[29] O *Catecismo da Igreja Católica* chama a atenção para o drama da fome e para a nossa responsabilidade cristã, além de recordar o pão da Eucaristia e da Palavra de Deus que nos une ao Corpo de Cristo. Cf. *Catecismo da Igreja Católica*, nn. 2831-2837.

cessidade de muitos "pães", até chegarmos a degustar o banquete celeste. Pois o pedido pelo pão também nos remete à dimensão escatológica do Reino.[30]

Quem reza pedindo o pão de cada dia é o coração pobre.[31] Não se trata de um pedido humilhante, ou de uma mendicância espiritual, mas de uma atitude filial de confiança no Pai. Os discípulos contam com Deus para enfrentar as dificuldades e contradições da história. Ao pedir pelo pão, fruto da terra e do trabalho das mãos humanas, os seguidores de Jesus manifestam solidariedade, fome de justiça e desejo de comunhão. Pois, ao pronunciar a palavra "pão nosso", superamos o egoísmo e nos abrimos para as necessidades de todos os filhos de Deus, especialmente os que estão mendigando à beira do caminho.[32]

Ao longo da história, a Igreja busca atender ou ao menos amenizar o sofrimento de tantas pessoas que padecem a fome material e espiritual. São muitas as iniciativas que respondem, ao menos em parte, ao sofrimento dos irmãos, nos quais enxergamos a presença do próprio Cristo: "pois eu estava com fome, e me destes de comer, estava com sede, e me destes de beber...".[33] Não podemos rezar o Pai-Nosso e pedir o pão cotidiano apenas no sentido espiritual ou reduzi-lo a dimensão terrena.[34] Na oração Jesus nos ensina a pedir ao Pai o pão do Reino. Ele é o Filho que não tem ouro nem

---

[30] Cf. Lc 14,15.
[31] Cf. BENTO XVI, op. cit., p. 187.
[32] Cf. Mc 10,46-52.
[33] Mt 25,34-46.
[34] Ledrus observa que a pessoa não se torna "espiritual", quando pede perdão ao Pai, ou material, quando lhe pede o pão. Somos verdadeiros seguidores de Jesus quando nos dedicamos a seu serviço e nos abandonamos à Providência divina, da qual esperamos o dom do pão e do perdão. Cf. LEDRUS. M., op. cit., p. 77.

prata, não tem lugar para repousar a cabeça, mas confia e entrega sua vida nas mãos do Pai: o Pai nosso, que muito nos ama e nos dá o pão de cada dia, todos os dias.[35] Trata-se dos "pães" que nos sustentam na incansável luta pela justiça, mas também da Palavra e da Eucaristia, onde o Senhor se faz pão para nos alimentar. Nesse contexto lemos, uma vez mais, o que São Paulo escreveu: "Na noite em que ia ser entregue, o Senhor Jesus tomou o pão e, depois de dar graças, partiu-o e disse: 'Isto é o meu corpo entregue por vós. Fazei isso em memória de mim'".[36]

---

[35] Cf. Mt 8,20.
[36] 1Cor 11,23-24.

VII

Perdão e gratidão

"Perdoa-nos as nossas dívidas,
assim como nós perdoamos aos nossos devedores" (Mt 6,12).

Na Oração do Senhor, depois de pedir o pão, suplicamos o perdão. No quarto e no quinto pedidos do Pai-Nosso, temos duas necessidades indispensáveis para o sustento e para a nossa vida cristã: o pão e o perdão. Ambos os pedidos apontam para o Pai e para os irmãos. A frase do quinto pedido começa com uma súplica que apresentamos diretamente a Deus – "Perdoa-nos as nossas dívidas". Assim, manifestamos a consciência de nossa fragilidade e a confiança no Pai misericordioso.[1] Mas a frase não termina com o pedido de perdão ao Pai. Jesus continua e aponta para as nossas relações com os irmãos: "assim como nós perdoamos aos nossos devedores".

O Mestre nos ensina que o pedido de perdão tem duas direções: uma vertical, onde pedimos perdão a Deus, e outra horizontal, que nos chama a pedir perdão e a perdoar os nossos irmãos. Depois de ensinar a rezar, Jesus enfatizou a importância do perdão para os seus discípulos. Ao término do Pai-Nosso, ele acrescentou: "Com efeito, se perdoardes as faltas uns dos outros, também vos perdoará o vosso Pai que está nos céus. Se vós, porém, não perdoardes aos outros, vosso Pai também não perdoará as vossas faltas".[2]

---

[1] Cf. Sl 118.
[2] Mt 6,14-15.

Na Sagrada Escritura, o pecado é compreendido como uma ruptura da aliança com Deus. Trata-se de uma ofensa àquele que é sempre fiel, pois Deus nunca quebrou uma lei estabelecida e jamais cometeu um ato de injustiça ou rebelou-se contra um de seus filhos.[3] No horizonte da Bíblia, o pecado nunca atinge apenas a pessoa humana, mas sempre atinge a Deus, que se sente traído, como lamenta o profeta Oseias diante do adultério da sua esposa.[4] É a quebra de uma relação de amor, de uma aliança de cumplicidade e fidelidade semelhante àquela da vida matrimonial.

Nós, pecadores, ao rompermos com Deus, devemos reconhecer a nossa culpa, pedir perdão e retornar à aliança. O perdão é dom e sinal da bondade de Deus, que envia seu Filho para livrar o povo de seus pecados e salvar o que estava perdido.[5] O Pai, na sua infinita misericórdia, escuta a nossa prece, assim como ouviu o pedido do "publicano" que suplicava pelo seu perdão no fundo do templo: "O publicano, porém, ficou a distância e nem se atrevia a levantar os olhos ao céu, mas batia no peito, dizendo: 'Meu Deus, sê propício para mim, que sou pecador!'".[6] Perdoar é um dom gratuito do Pai e uma tarefa, muitas vezes árdua, para cada um de nós.[7]

---

[3] Na Bíblia encontramos alguns antigos ritos de purificação da impureza, causada pelo pecado, com o uso da água (Lv 14,5), com a expiação de animais (Lv 14,7.53), com sangue (Lv 16,14-19), com fogo (Nm 31,22), ou até mesmo com a exclusão do pecador da comunidade e, nos casos extremos, com sua morte (Dt 13,6).

[4] Cf. Os 1,1ss.

[5] Cf. Mt 1,21; Lc 19,10.

[6] Lc 18,13.

[7] Cf. MARTIN-MORENO, J. M. *Il perdono nella vita della comunità*. Milano: Paoline, 1991, p. 24.

DÍVIDAS E PECADOS

Nos Evangelhos encontramos várias passagens em que o pecado é apresentado com a linguagem econômica e jurídica de uma dívida que precisa ser quitada pelo devedor.[8] Na oração do Pai-Nosso segundo a versão de Mateus, o pecado também é apresentado com a linguagem profana de uma dívida que precisa ser paga – "Perdoa-nos as nossas dívidas, assim como nós perdoamos aos nossos devedores". Enquanto Mateus usa a metáfora da "dívida", na versão de Lucas encontramos os termos "pecados", na primeira parte da frase, e "dívida", na parte seguinte – "perdoa-nos os nossos pecados, pois nós também perdoamos a todo aquele que nos deve". Mateus utiliza a palavra "dívidas" porque no ambiente judaico esta metáfora indicava algo que a pessoa precisava restituir a Deus. Já Lucas, que também conhecia tal metáfora, prefere usar o termo "pecados", mais comum e de fácil compreensão aos não judeus.[9]

A metáfora das "dívidas" usada por Mateus parece não ser suficiente para indicar o alcance e a profundidade do perdão do Pai. O perdão de Deus não é algo que devemos pagar como uma "dívida" a um determinado credor. Os nossos pecados, mais que uma "dívida" a Deus, sinalizam a recusa do dom oferecido gratuitamente pelo Pai. Mateus, com refinada sutileza, nos recorda

---

[8] "O Reino dos céus é comparável a um rei que resolveu ajustar contas com os seus servos. Quando começou o ajuste, trouxeram-lhe um que lhe devia dez mil talentos..." (Mt 18,23ss); "O Reino dos céus é também como um homem que ia viajar para o estrangeiro. Chamou os seus servos e lhes confiou seus bens: a um deu cinco talentos..." (Mt 25,14-30). "Um homem plantou uma vinha, pôs uma cerca em volta, cavou um lagar e construiu uma torre de guarda. Ele alugou a uns agricultores e partiu..." (Mc 12,1-9); "Certo credor tinha dois devedores. Um lhe devia quinhentos denários e o outro, cinquenta. Como não tivessem com que pagar, perdoou a ambos. Qual deles o amará..." (Lc 7,41ss).

[9] Cf. MAGGIONI, B. *Padre nostro*. Milano: Vita e Pensiero, 2019, pp. 85-86.

de que somos todos dependentes da misericórdia do Pai. Por mais que possamos realizar algumas boas obras e viver o mandamento novo, sempre seremos devedores ao Pai, a quem devemos pedir perdão, a exemplo do salmista: "Contra ti, só contra ti eu pequei e fiz o mal diante de ti".[10] Nunca teremos crédito diante de Deus como pensavam os escribas e os fariseus que são criticados e acabavam por desconhecerem e rejeitarem o dom gratuito do perdão do Pai.[11]

O pedido de perdão na oração do Pai-Nosso é coletivo – "perdoa-nos" –, enquanto o salmista reza no singular: "contra ti eu pequei". No Pai-Nosso Jesus ensina a pedir perdão para todos – "perdoa-nos" – e não apenas para si mesmo – "perdoa-me". Mateus acentua a dimensão comunitária que manifesta a perspectiva eclesial do seu Evangelho e nos confirma na comunhão da família de Deus. Para esse evangelista, o perdão se dá na comunidade de fé, onde as nossas fragilidades se confrontam e sentimos a necessidade do perdão – comunhão.

Na Oração do Senhor o pedido de perdão tem um alcance missionário, pois não pedimos perdão só individualmente, enquanto filhos, mas também comunitariamente, enquanto irmãos. Vale destacar ainda que o nosso pedido de perdão não é dirigido a uma divindade distante, mas é feito com a liberdade de filhos a um Pai amoroso com quem temos intimidade.

Quer na versão de Mateus, quer na de Lucas, vemos a raiz bíblica do Antigo Testamento, em que o pecado é compreendido como uma dívida ou infidelidade diante da aliança de amor que temos com Deus. Mais que transgredir uma lei ou quebrar uma regra, o pecado sinaliza uma dívida de amor para com o Pai. Logo,

---

[10] Sl 51,6.
[11] Cf. Lc 11,42.

somos chamados a voltar ao amor, a reconstruir a aliança com o Pai que sempre age com misericórdia.[12] Para Mateus, as dívidas correspondem aos nossos pecados diante do Pai que muito nos ama e não tolera ver seus filhos praticando o mal.[13]

O PAI PERDOA SEMPRE

O Pai é misericordioso, ama seus filhos bons e maus e sempre acolhe aqueles que voltam para a sua casa.[14] O dom do perdão nos leva a uma profunda experiência de amor com o Pai e inspira nosso desejo de conversão. Na oração do Pai-Nosso, somos chamados a experimentar o amor do Pai, a acolher o seu dom e a nos reaproximar de Deus que, pelo Filho, no Espírito Santo, perdoa os nossos pecados.[15] O Pai nos ama e nos perdoa. E, sendo um pai amoroso, seu perdão nos fortalece e nos ajuda a perdoar os irmãos.

Sem perdão não há seguimento de Jesus nem cristianismo. De outra parte, sabemos que o perdão é um processo, às vezes doloroso, construído ao longo do caminho. Ao perdoar os irmãos, experimentamos o significado do perdão de Deus para conosco. O Pai nos perdoa de verdade, ao passo que muitas vezes, em nossas relações humanas, não perdoamos nem somos perdoados com tanta profundidade. De qualquer maneira, precisamos compreender que não temos crédito diante de Deus porque perdoamos os nossos irmãos, pois o seu amor é infinitamente maior. Quanto mais percebermos o tamanho do amor e do perdão de Deus, maior será

---

[12] Cf. Mc 2,5.
[13] Cf. VANNI, U. Il Padre nostro II. *Civiltà Cattolica*, III, Roma, p. 479, 1993.
[14] Cf. Mt 5,45; Lc 15,11-32.
[15] Cf. Rm 5,10; Cl 1,14.

a nossa gratidão pelo dom da salvação que custou o sacrifício do Filho primogênito na cruz.[16]

O Papa Francisco, ao meditar sobre o quinto pedido da Oração do Senhor, diz:

> Por muito que nos esforcemos, permanece sempre uma dívida impagável diante de Deus, que nunca poderemos restituir: Ele ama-nos infinitamente mais de quanto nós o amamos. E depois, por muito que nos empenhemos para viver segundo os ensinamentos cristãos, na nossa vida haverá sempre alguma coisa da qual pedir perdão...[17]

Nesse pedido da oração do Pai-Nosso aparece um "como", que nos recorda outras passagens do Evangelho em que também encontramos esse mesmo termo: "Sede, portanto, perfeitos como vosso Pai celeste é perfeito"; "Sede misericordiosos como vosso Pai é misericordioso"; "Eu vos dou um novo mandamento: que vos ameis uns aos outros. Como eu vos amei, assim também vós deveis amar-vos uns aos outros".[18] O advérbio "como" não significa que Deus só nos perdoa, se tivermos a mesma atitude com relação ao nosso próximo. É importante observarmos que o perdão do Pai não está condicionado ao perdão de seus filhos, pois o nosso perdão aos irmãos não é nem a causa nem a condição do perdão divino. Mas, se não perdoarmos os que nos ofendem, tornamo-nos incapazes de acolher o perdão de Deus. Pois é no perdão do Pai que encontramos força para

---

[16] QUAGLIA, R. *Il Padre nostro, tra psicologia e spiritualità*. Venezia: Marcianum press, 2018, pp. 63-68.

[17] Cf. FRANCISCO. *Catequese sobre o Pai nosso – 13*, Audiência Geral, Vaticano, 24 de abril de 2019. Disponível em: <https://w2.vatican.va>.

[18] Mt 5,48; Lc 6,36; Jo 13,34.

também perdoar. A nossa capacidade de perdoar vem da nossa experiência com o Pai, que nos perdoa sempre. Sua misericórdia não poderá penetrar o nosso coração enquanto não perdoarmos àqueles que nos ofenderam.[19] A declaração "perdoa-nos as nossas dívidas, assim como nós perdoamos aos nossos devedores" só é possível porque temos a certeza do perdão de Deus, que, em Jesus Cristo, já nos perdoou.[20]

Esse "como", além de indicar a experiência de perdão que já recebemos do Pai, dá credibilidade à nossa missão de testemunhar e anunciar o Reino de Deus. Afinal, quem acreditaria na mensagem de um seguidor de Jesus, sem o testemunho da vivência do amor que se manifesta na prática do perdão e da caridade?

COMEÇAR COM O PERDÃO

Nessa altura da Oração do Senhor, recordamos uma célebre frase de Santo Agostinho: "Quando fores orar começa perdoando". De fato, ao rezar a Oração do Senhor, manifestamos a consciência de nossas fraquezas e a necessidade do perdão dos irmãos. Se em Cristo já fomos perdoados e salvos, permanece a necessidade de renovarmos no perdão aos irmãos. Essa atitude humilde de pedir e oferecer perdão confirma nossa adesão à pessoa de Jesus, que nos orienta: "Se, portanto, ao levares a tua oferenda ao altar, te lembrares de que teu irmão tem algo contra ti, deixa a tua oferenda lá diante do altar, vai primeiro reconciliar-te com teu irmão e, então, volta para apresentar a tua oferenda".[21]

---

[19] Cf. *Catecismo da Igreja Católica*, n. 2840.
[20] Cf. Ef 4,32.
[21] Mt 5,24.

Jesus insistirá com os seus discípulos em que o perdão não tem limites. Não se trata de perdoar algumas vezes, conforme propôs Pedro, mas de multiplicar até "setenta vezes sete", como parcelas de uma dívida paga por um coração que ama sem medidas.[22] Segundo o costume da época, a pessoa deveria pedir perdão até três vezes.[23] No entanto, Pedro já imaginava que Jesus queria aumentar esse número. Mas o Mestre o surpreende e propõe uma nova atitude ao multiplicar o perdão, ou seja, devemos perdoar infinitamente. Daí a necessidade constante de aprofundarmos o processo de nossa conversão para viver a vida da graça recebida no Batismo. Perdoar é renunciar a toda possibilidade de vingança e alternativas que contradizem o Evangelho de Jesus. Na prática, trata-se de um processo que certamente levará um tempo breve ou mais longo para superar os sentimentos negativos e assimilar as situações que nos afastam da proposta de Jesus e de seu Reino.

Nesse contexto, recordamos o sacramento da reconciliação instituído por Jesus na tarde do dia de sua ressurreição: "Dito isso, soprou sobre eles e falou: 'Recebei o Espírito Santo. A quem perdoardes os pecados, lhes serão perdoados; a quem os retiverdes, lhes serão retidos'".[24] Não perdoar significa esquecer o perdão que recebemos de Deus. É agir como o indivíduo impiedoso da parábola que foi perdoado pelo seu senhor, a quem devia dez mil talentos, mas não perdoou o seu próximo, que lhe devia bem menos.[25]

---

[22] No Evangelho de Lucas, não temos a expressão de Mateus "setenta vezes sete" (Mt 18,21-22), mas sim perdoar "sete vezes num só dia" (cf. Lc 17,3-4).

[23] Baseados em algumas passagens do Antigo Testamento, segundo as quais o Senhor perdoou até três vezes, os rabinos ensinavam que nenhum israelita deveria perdoar mais que o próprio Deus (cf. Am 1,3; 2,6; Jó 33,29).

[24] Jo 20,21-22.

[25] Cf. Mt 18,21-35.

A comunidade é o lugar onde vivemos o dom do perdão. Nela experimentamos o Reino, partilhamos os "pães" e celebramos o perdão. Nesse quinto pedido do Pai-Nosso, Jesus nos chama a voltarmos à graça de Deus. A nossa dívida ou os nossos pecados nos afastam do amor do Pai e dos irmãos. Mas, no Pai-Nosso, Jesus nos convida a crescer a partir da experiência do perdão incondicional aos irmãos que peregrinam conosco neste mundo marcado por tantas contradições. Claro que os perdões são difíceis e, às vezes, exigem um tempo, para cicatrizar as feridas. Trata-se de um processo de transformação, purificação e cura que realizamos ao longo da caminhada e que, também, alcança as pessoas que são perdoadas. Tal experiência nos ajuda a compreender melhor o mistério da cruz de Cristo. Por isso, o perdão que rezamos na oração do Pai-Nosso, como os demais pedidos dessa oração, tem um forte acento cristológico que nos consola na certeza do amor de Jesus que se entregou por cada um de nós.[26] Nesse contexto, recitamos o hino da caridade, que nos revela a profundidade da fé, o alcance da esperança e a beleza do amor que se traduz em perdão.

> Se eu falasse as línguas dos homens e as dos anjos, mas não tivesse amor; eu seria como um bronze que soa ou um címbalo que retine. Se eu tivesse o dom da profecia, se conhecesse todos os mistérios e toda a ciência; se tivesse toda a fé, a ponto de remover montanhas, mas não tivesse amor, eu nada seria. /.../
>
> O amor é magnânimo, é benfazejo; não é invejoso, não é presunçoso nem arrogante; não faz nada de vergonhoso, não é interesseiro...

---

[26] Cf. BENTO XVI. *Jesús de Nazaret I. Desde el Bautismo a la Transfiguración.* Madrid: La esfera de los libros, 2007, pp. 194-197.

O amor jamais acabará. Se há profecias, desaparecerão; se há línguas, cessarão; se há ciência, desaparecerá... Atualmente permanecem estes três: a fé, a esperança, o amor. Mas o maior deles é o amor.[27]

---

[27] 1Cor 13,1-13.

VIII

PROVAS E TENTAÇÕES

"E não nos deixes cair em tentação" (Mt 6,13a).

Chegamos ao penúltimo pedido do Pai-Nosso. Na versão de Mateus, esse é o sexto pedido, correspondendo ao quinto e último daquela interpretação de Lucas, que unificou o assunto das tentações com o tema do mal. Na Bíblia, a tentação é atribuída ao demônio, que se opõe ao projeto do Reino anunciado por Jesus.[1] As tentações correspondem a uma "confusão" entre o bem e o mal e nos acompanham por toda a vida, assim como aconteceu com Jesus.[2] Mas o Filho jamais vacilou, permanecendo fiel ao Pai.[3]

---

[1] Esse pedido do Pai-Nosso causa certa estranheza e nos leva a verificar qual é a melhor tradução dessa frase. Na Bíblia da CNBB, temos a tradução: "E não nos deixes cair em tentação". Mas poderia ser traduzido também por "não nos abandonar na tentação", "não nos introduzir na tentação" ou, até mesmo, "não nos permitir de entrarmos em tentação". Cf. MARUCCI, C. *Padre nostro e la sua traduzione*. *Civiltà Cattolica*, Roma, pp. 348-349, 1996. Há outras possíveis traduções: "guia-nos para longe das tentações", "não deixe que sejamos tentados". Porém, o importante não é traduzir palavra por palavra, mas manter o sentido da expressão. Cf. BERGER, K. *Il Padre nostro, pregare con il cuore e con la mente*. Brescia: Queriniana, 2016, p. 124.

[2] Cf. BAVON, F. *Vangelo di Luca 2*. Brescia: Paideia, 2007, p. 160.

[3] Alguns especialistas consideram o tema das tentações no Pai-Nosso na perspectiva escatológica como uma referência às grandes tribulações no final dos tempos, quando chegaremos à vitória definitiva na vida eterna. Mas a maioria pensa nas tentações e provas que enfrentamos no cotidiano da vida. Há casos em que o termo "tentação" pode ser traduzido por "sofrimento" ou "aflição". Cf. ULRICH, L. *Matteo 1, commentario*. Brescia: Paidea, 2006, pp. 512-513.

Deus nunca nos tenta para fazer o mal: "Ninguém, ao ser tentado, deve dizer: 'É Deus que me tenta'. Pois Deus não pode ser tentado pelo mal e tampouco tenta a alguém".[4] Deus jamais nos tenta, mas pode nos provar, como fez com Abraão, confirmado em sua fé.[5] Moisés também foi posto à prova e enfrentou a tentação de recusar a missão que Deus lhe havia confiado.[6] No deserto, após a saída do Egito, o povo de Deus foi tentado a voltar para trás e abandonar o projeto de libertação e conquista da terra prometida.[7] Mesmo Jesus, o Filho primogênito do Pai, não foi poupado pelo tentador.

A diferença entre a tentação e a prova está na origem e no fim de ambas. Na origem da tentação está o diabo, que tem como objetivo ver a queda e a ruína da pessoa tentada. Já a prova é voltada para o bem da pessoa e espera-se que ela supere as dificuldades, amadureça e persevere fiel a Deus. As provas e as tentações podem ser individuais ou coletivas. Elas podem alcançar toda a comunidade ou alguma pessoa em particular, como aconteceu com Jó que teve sua fidelidade a Deus colocada à prova.[8] É interessante notar que nem sempre a tentação se apresenta como algo mal. Às vezes, é sutil, dissimulada e se mostra como alguém que só nos deseja o bem e aquilo que é melhor para nós.

Mateus nos diz que foi o Espírito quem conduziu Jesus ao deserto para ser tentado pelo diabo, antes de começar o anúncio do

---

[4] Tg 1,13.

[5] Cf. Gn 22,1; 1Mc 2,52; Sr 44,20.

[6] Cf. Ex 3,11; 4,10ss.

[7] No livro dos Números, encontramos várias situações que relatam as tentações sofridas pelo povo no deserto rumo à terra prometida. Cf. Nm 11,4; 12,14; 13; 16; 20,1. Em outras passagens do Antigo Testamento, aparece o tema das provas às pessoas ou ao inteiro povo de Israel. Cf. Dt 8,2; 13,4; Tb 12,3; Sl 26,2; 139,23.

[8] Jó 42,16-17.

Reino.⁹ Parece, ao menos num primeiro momento, que o Espírito Santo atua de maneira contrária ao que pedimos no Pai-Nosso. Se na oração pedimos para não cair em tentação, o Espírito nos conduz para um lugar onde o demônio nos tentará. Nesse caso, deveríamos rezar o Pai-Nosso para que o Senhor nos livre dessa ação do Espírito Santo?¹⁰ Não. O Espírito Santo não é o tentador. Ele nos acompanha também nas situações de deserto e sob a sua ação clamamos com fé: "Abbá, Pai".¹¹

NAS TENTAÇÕES DE JESUS, AS NOSSAS TENTAÇÕES

Jesus não teve nenhuma preocupação em ocultar a realidade das tentações que atingiam a si mesmo e os seus seguidores. Ele sempre foi bastante claro com os discípulos, dizendo que no caminho haveria muitas tentações e provas antes da chegada definitiva do Reino.¹² As tentações de Jesus resumem e sinalizam a luta de todas as pessoas de boa vontade contra as forças do maligno. Ao contrário de nós, Jesus não cede às pressões e investidas do tentador, que deseja afastá-lo do projeto do Pai. No deserto, antes mesmo de iniciar o seu ministério, o demônio procurou desviá-lo da sua missão de servo de Iahweh e de Messias, ao propor a transformação das pedras em pão. Mas o Mestre rejeitou as riquezas e os bens do reino deste mundo, renunciou às glórias humanas e a qualquer ambição de poder, permanecendo fiel ao Pai até a morte, e morte de cruz.¹³

---

⁹ Cf. Mt 4,1; Mc 1,12-13; Lc 4,1-2.
¹⁰ Cf. BERGER, K. *Il Padre nostro, pregare con il cuore e con la mente*. Brescia: Queriniana, 2016, pp. 134-135.
¹¹ Cf. Gl 4,6.
¹² Cf. LEDRUS, M. *Il Padre nostro preghiera evangelica*. Roma: Borla, 1981, p. 55.
¹³ Cf. Fl 2,8.

As tentações de Jesus se repetem ao longo da história na vida das pessoas e de sua Igreja. Riquezas, poder e outras ambições refletem as investidas do maligno contra os discípulos e a Igreja, que nem sempre resistiu às atraentes e sedutoras propostas do demônio. O próprio Jesus havia alertado os seus seguidores do perigo de sucumbir às tentações.[14] O fato é que há uma estreita relação entre nossa adesão ao projeto do Pai e as tentações. Poderíamos pensar que, ao rezar o Pai-Nosso e acolher o projeto do Reino, estaríamos isentos das provas e tentações. No entanto, nem mesmo o Filho foi poupado das tentações, e nós experimentamos a mesma realidade. Nossa adesão ao Pai não nos imuniza das investidas do maligno ao longo da vida. Somos frágeis como os "vasos de argila", e no Batismo fomos inseridos na comunidade de fé e nos tornamos filhos de Deus.[15] Na oração pedimos ao Senhor que nos livre das tentações e das provas, que são proporcionais e não maiores que as nossas forças.[16]

Os seguidores de Jesus não podem cair na tentação de ignorar a força do maligno e subestimar o poder do inimigo. O dragão, conforme a imagem do Apocalipse, está pronto para devorar o filho da mulher que estava para dar à luz.[17] Seguimos o caminho cientes de que estamos sempre ameaçados pelo maligno, até que o "Filho do Homem" retornará e reunirá os seus eleitos de todos os cantos da terra. Nesse percurso, somos chamados a rezar o Pai-Nosso e a nos revestirmos da "armadura de Deus" para enfrentar o "príncipe das trevas".[18] Na Oração do Senhor não pedimos para

---

[14] Cf. Mt 24,9-13.
[15] Cf. 2Cor 4,7.
[16] Cf. BENTO XVI. *Jesús de Nazaret I. Desde el Bautismo a la Transfiguración*. Madrid: La esfera de los libros, 2007, p. 201.
[17] Cf. Ap 12,4.
[18] Cf. Mc 13,26-27; Ef 6,11.12.

ser poupados da tentação, mas para ser assistidos pelo Pai nas situações difíceis e diante das armadilhas preparadas pelo inimigo. Consola-nos a certeza de que Jesus rezou por Pedro e por cada um de nós ante as investidas do demônio: "Simão, Simão! Satanás pediu permissão para vos peneirar como o trigo. Eu, porém, orei por ti, para que tua fé não desfaleça...".[19]

Jesus deixa claro que o Pai não arma ciladas para os seus filhos. Ele está sempre conosco e jamais nos abandona e nem nos deixa sozinhos. No Getsêmani, quando Jesus se afasta para rezar,

> o seu coração é invadido por uma angústia indescritível /.../ e ele experimenta a solidão e o abandono. Sozinho, com a responsabilidade de todos os pecados do mundo sobre os ombros /.../ Jesus nunca mendiga amor para si mesmo, contudo naquela noite sente a sua alma triste até à morte, e então pede a proximidade dos seus amigos: "ficai aqui e vigiai comigo" /.../ No tempo da agonia, Deus pede ao homem que não o abandone, e ao contrário o homem dorme. No tempo em que o homem conhece a sua provação, Deus vigia. Nos momentos mais difíceis da nossa vida, nos momentos de mais sofrimento, nos momentos mais angustiantes, Deus vigia conosco, Deus luta conosco, está sempre próximo de nós. Por quê? Porque é Pai.[20]

VIGIAI E ORAI

A cena do Getsêmani nos revela a dura prova que Jesus superou permanecendo fiel ao projeto do Reino. Enquanto os discípulos dormiam, o Mestre buscava na oração forças para enfrentar a

---

[19] Lc 22,31-32.
[20] FRANCISCO. *Catequese sobre o Pai nosso – 14*, Audiência Geral, Vaticano, 1º de maio de 2019. Disponível em: <https://w2.vatican.va>.

cruz e consumar a sua obra.[21] Diante da tentação de rejeitar a lógica da cruz, Jesus nos ensina a cumprir a vontade do Pai. Nesse contexto dramático, o Mestre apresenta dois verbos que nos fortalecem diante das investidas do maligno: "vigiai e orai".[22]

Na noite anterior ao seu martírio, Jesus não pediu ao Pai que eliminasse as tentações, mas que se cumprisse a sua santa vontade. Na oração do Pai-Nosso também não pedimos a abolição das tentações, mas a força de resistir às ofensivas do demônio. Pois as tentações fazem parte da realidade deste mundo no qual o Verbo se fez carne.[23] Pedir a eliminação das tentações significaria ser tentado a ignorar as nossas limitações e querer ser como Deus. Com Jesus, aprendemos a ser fiéis ao Pai que não afasta o "cálice", mas nos consola nas situações de "Getsêmani" que atravessamos na vida.[24] O Pai nos dá força para não cairmos nas tentações que fazem parte da aventura humana. Desse modo, as situações de tentações e provas se transformam, pela ação de Deus, em lugar de perdão e vitória.[25] Na Oração do Senhor, humildemente pedimos ao Pai para não nos deixar sucumbir às investidas do maligno e nos sustentar nas provas, para que não aconteça conosco como sucedeu aos discípulos que fugiram e abandonaram o Mestre na hora decisiva.[26]

Santa Teresa d'Ávila aconselhava as irmãs a rezarem o Pai-Nosso para combater e vencer o inimigo.[27] Sem a oração não poderemos

---

[21] Cf. Mc 14,32-36.
[22] Cf. Mt 26,36-44; Mc 14,32-42; Lc 22,40-46.
[23] Cf. Jo 1,14.
[24] Cf. DE VIRGILIO, G. *Le Preghiere nei Vangeli*. Roma: Rogate, 2013, p. 102.
[25] Cf. FAUSTI, S. *Uma comunità legge il vangelo di Matteo*. Milano: Dehoniano, 2016, p. 103.
[26] Cf. Mt 26,56.
[27] Cf. SANTA TERESA DE JESUS. *Caminho de perfeição*. Petrópolis: Vozes, 2011, pp. 223-224.

vencer as tentações que acontecem nos desertos da vida. Não podemos confiar em nossas próprias forças e muito menos cair na tentação de acreditar na profundidade das raízes que dão estabilidade e firmeza aos nossos pés. Precisamos da ajuda de Deus e, por isso, rezamos o Pai-Nosso conforme nos ensinou Jesus. Na oração pedimos ao Senhor que nos ajude a evitar de pisar os caminhos da "areia movediça" da tentação, onde afundaremos e sucumbiremos ao maligno.[28] Sem a ajuda divina que imploramos no Pai-Nosso, não teremos condições de superar as tentações e vencer o inimigo:

> Portanto, quem julga estar de pé, tome cuidado para não cair. Não tendes sido provados além do que é humanamente suportável. Deus é fiel e não permitirá que sejais provados acima de vossas forças. Pelo contrário, junto com a provação, ele providenciará o bom êxito, para que possais suportá-la.[29]

Os pecados são sinais de nossas quedas na tentação, mas Jesus nos ensina a pedir ao Pai que nos socorra nesses momentos de prova. Por isso precisamos da luz e da força do Espírito Santo para discernir no cotidiano da vida o que realmente corresponde à vontade do Senhor. Uma provação pode nos ajudar a crescer, a amadurecer na fé e na intimidade com o Pai, enquanto a tentação certamente nos conduzirá ao pecado e à morte. À luz do Espírito, somos chamados a discernir as situações para desmascarar a mentira da tentação e escapar das armadilhas do maligno. O Espírito Santo nos ajuda a vigiar, a lutar contra o mal e a perseverar fiéis ao projeto do Reino.[30]

---

[28] Cf. VANNI, U. Il Padre nostro I. *Civiltà Cattolica*, III, Roma, p. 354, 1993.
[29] 1Cor 10,12-13.
[30] Cf. *Catecismo da Igreja Católica*, nn. 2847-2849.

Na sua oração, Jesus pede ao Pai que nos defenda e proteja das investidas do inimigo: "Não rogo que os tireis do mundo, mas que os guarde do maligno".[31] Ele, que venceu o "príncipe deste mundo", com o sangue derramado na cruz, como o "Cordeiro imolado", nos ensina a pedir ao Pai para não cairmos nas tentações e nos convida a permanecer unidos a ele para que possamos produzir muitos e bons frutos. E acrescenta: "Sem mim nada podeis fazer".[32]

À luz do Espírito Santo, vigiamos e oramos para não sucumbirmos nas tentações e vencermos todas as provas que Deus permite acontecer no decorrer do caminho e que, de alguma maneira, nos ajuda a crescer na fé, na esperança e no amor. Há ainda o risco de nos afastarmos do Pai e nós mesmos assumirmos o papel de tentadores do nosso próximo. Por isso, precisamos abrir os olhos para enxergar as ciladas do inimigo, perceber as suas armadilhas e, com a ajuda do Pai, avançarmos pelas estradas do Reino fugindo das ocasiões de pecado.[33]

---

[31] Jo 17,15.
[32] Cf. Jo 15,1-8; 16,33; Ap 5,6; 12,11.
[33] O Cardeal Martini elenca cinco tentações às quais estamos sujeitos. A primeira é a *sedução* para o mal mediante a sensualidade, a inveja, o orgulho, a vingança, a violência... A segunda tentação é a *contradição*, que encontramos nos ambientes que nos criticam, nos bloqueiam, nos impedem de fazer o bem, e, então precisamos de muita paciência e humildade. A terceira tentação é a *ilusão* de fazer algo aparentemente bom, mas que depois descobrimos ser ruim. A quarta é *o silêncio de Deus*, que tantas vezes parece se esconder, prefere não falar, não se manifestar e não intervir. A quinta e última tentação é a *insignificância* de Jesus numa sociedade dominada por ideologias que contradizem o Evangelho. Cf. MARTINI, C. M. *Il Padre nostro, non sprecate parol*. Milano: San Paolo, 2016, pp. 122-129. Segundo Rossé, a tentação mais perigosa é aquela de abandonar a fé e retornar à vida precedente à conversão. Cf. ROSSÉ, Gérard. *Il Vangelo di Luca, commento exegético e teológico*. Roma: Città Nuova, 1992, p. 427.

IX

Livra-nos do mal, ó Pai

"Mas livra-nos do mal" (Mt 6,13b).

No sétimo pedido da Oração do Senhor segundo a versão de Mateus – ausente em Lucas –, pedimos ao Pai que nos livre do mal.[1] É uma típica expressão de exorcismo que indica a chegada do Reino de Deus e assinala a nossa luta constante contra o maligno até o triunfo final de Cristo,[2] quando ele entregará o Reino ao Pai, depois de destruir todo "principado" e colocar "os seus inimigos debaixo de seus pés".[3]

Essa última súplica do Pai-Nosso começa com a partícula explicativa "mas", que une o sexto ao sétimo pedido, seguida pelo verbo "livra-nos" e o adjetivo "mal".[4] A oração termina

---

[1] A ausência do pedido "mas livra-nos do mal" na versão de Lucas não é uma mera simplificação, mas está condensada no tema anterior da tentação: "Se existe uma tentação é porque existe um tentador". Cf. VANNI, U., Il Padre nostro II. *Civiltà Cattolica*, III, Roma, p. 480, 1993.

[2] As palavras e ações de Jesus mostram como o Reino de Deus é uma luta ininterrupta contra o pecado e todas as demais manifestações do mal. Confira o comentário de Patrizio Rota Scalabrini sobre o mal em: VIRGILIO, G. *Dizionario Biblico della Vocazione*. Roma: Rogate, 2007, pp. 498-502.

[3] 1Cor 15,24-25.

[4] O Cardeal Martini nota que se trata de um "mas" explicativo e não adversativo. Cf. MARTINI, C. M. *Il Padre nostro, non sprecate parole*. Milano: San Paolo, 2016, p. 135.

com um pedido no plural que assinala a nossa redenção.[5] Não rezamos de modo individual ou singular – "livra-me" –, mas como membros de uma comunidade de fé, suplicando ao Senhor o dom da libertação das forças do mal sintetizadas na metáfora do dragão do Apocalipse, a antiga serpente, o diabo e Satanás.[6] Na oração sacerdotal de Jesus, encontramos certo paralelismo com esse pedido conclusivo do Pai-Nosso, quando o Mestre reza para que sejamos protegidos das investidas do maligno: "Não rogo que os tires do mundo, mas que os guarde do maligno".[7]

Mas de qual mal queremos ser livres? O mal físico, o mal moral, da maldade ou ainda do maligno, o inimigo feroz? Ou esse pedido é apenas uma forma positiva de dizer a mesma coisa que pronunciamos no pedido anterior de modo negativo? Certamente, o evangelista não acena ao mal filosófico e abstrato, e tampouco conclui o Pai-Nosso com um pedido genérico – "livra-nos do mal". Mateus se refere ao demônio, ao inimigo do Reino, o Satanás que se opõe ao projeto do Pai.[8] Esse "mal", no singular, assinala o maligno e o que dele possa derivar: mal físico, moral... tudo que

---

[5] Cf. BENTO XVI, *Jesús de Nazaret I. Desde el Bautismo a la Transfiguración*. Madrid: La esfera de los libros, 2007, p. 202.

[6] Cf. Ap 12,7-9.

[7] Cf. Jo 17,15.

[8] O termo neutro e impessoal "mal", compreendido como a maldade difusa no mundo, também pode ser traduzido na forma masculina e pessoal de maligno ou Satanás. Na Tradução Ecumênica da Bíblia, encontramos assim: "mas livra-nos do Tentador" (Mt 6,13). Cf. *Bíblia Tradução Ecumênica – TEB*. São Paulo: Loyola, 1994. São João Crisóstomo afirma que o diabo, por causa de sua grande malícia, é a causa de todo mal. Cf. SIMONETTI, Manlio. *La Bibbia Commentata dai Padri, Nuovo Testamento 1/1, Matteo 1-13*. Roma: Città Nuova, 2004, p. 212.

conduz ao pecado.⁹ Portanto, deve ser compreendido em toda a sua extensão.¹⁰ Diante dessa realidade que nos acompanha ao longo da história, São Pedro nos exorta a vigiar, pois o inimigo "nos rodeia como um leão a rugir, procurando a quem devorar".¹¹

A VITÓRIA CONTRA O MALIGNO

O mal é mais antigo que o ser humano. Antes de o homem aparecer na face da terra, já havia os terremotos, as inundações e os animais caçando e devorando animais. Portanto, o mal não é obra e muito menos castigo de Deus. O povo de Israel experimentou tentações e provas. Já na origem do mundo e da humanidade, encontramos a queda de Adão e Eva envenenados pela serpente. No deserto, Israel é provado na sua fé e fidelidade à aliança. A oração confiante ao Pai nos dá força para vencermos a maldade.¹² Diante do mal, temos a alternativa assinalada por Jesus. "Por toda a parte, ele andou fazendo o bem, e curando a todos os que estavam dominados pelo diabo; pois Deus estava com ele."¹³

Jesus, o homem sem pecado e inocente morto na cruz, venceu o mundo, e nos ensina a rezar pedindo ao Pai que nos ajude a superar as provas, a não cairmos em tentação e para que nos

---

9 "O mal não é uma abstração, mas designa uma pessoa, Satanás, o Maligno, o anjo que se opõe a Deus. O 'Diabo' (*dia-bolos*) é aquele que 'se atravessa' no desígnio de Deus e na sua 'obra de salvação' realizada em Cristo". Cf. *Catecismo da Igreja Católica*, n. 2851.
10 Cf. LEDRUS, M. *Il Padre nostro preghiera evangelica*. Roma: Borla, 1981, p. 43.
11 Cf. 1Pd 5,8.
12 Cf. BRUNI, Giancarlo. *Voi direte: Padre nostro*. Magnano: Qiqajon, 1984, pp. 53-59.
13 At 10,38.

livre do mal.[14] As tentações e o mal são obras do demônio, mas também provêm do coração humano. Às vezes, com a melhor das intenções, fazemos o papel de "anjos do dragão" que combatem ferozmente contra o projeto do Pai. Foi o que aconteceu com Pedro. Jesus o chamou de "Satanás" porque ele não admitia que o Mestre trilhasse o caminho da cruz. Em outra ocasião, Jesus teve que escapar da multidão, que, vendo o sinal da multiplicação dos pães, queria proclamá-lo rei segundo o esquema deste mundo e, certamente, com a melhor das intenções.[15] Jesus já venceu o maligno e, no mistério da sua páscoa, nos trouxe a garantia da vitória da vida sobre a morte.[16]

São Cipriano dizia que a frase final do Pai-Nosso – "mas livra-nos do mal" – não apenas resume as anteriores, mas é o pedido de quem não tem mais nada a suplicar, senão a proteção salvadora do Pai.[17] É uma prece elementar, humilde, tão simples e tão profunda, que manifesta o desenvolvimento espiritual dos filhos diante do Pai.[18] Diante da expressão final do Pai-Nosso, podemos indagar se nós, seguidores de Jesus, batizados, pedras vivas da Igreja, estamos livres do maligno e de suas maldades. São Paulo nos recorda de que Jesus já quitou as nossas dívidas pagando um "preço muito alto".[19] E nos questiona:

---

[14] Cf. Jo 14,30; 16,33; 1Pd 2,22.

[15] Cf. Mt 16,22-23; Jo 6,15.

[16] O próprio Jesus foi submetido a provas e os seus discípulos foram testemunhas dessa realidade recordada pelo Mestre durante a Última Ceia. Cf. Lc 22,28; Hb 2,8.

[17] Cf. HAMMAN, A. *Il Padre nostro letto dai Padri della Chiesa*. Roma: Castelvecchi, 2017, p. 25.

[18] Cf. LEDRUS, M., op. cit., p. 47.

[19] Cf. 1Cor 6,20.

Se Deus é por nós, quem será contra nós? Deus, que não poupou seu próprio Filho, mas o entregou por todos nós... Quem nos separará do amor de Cristo? Tribulação, angústia, perseguição /.../ Em tudo isso, porém, somos mais que vencedores, graças àquele que nos amou. Tenho certeza de que nem a morte, nem a vida, nem os anjos, nem os principados, nem o presente, nem o futuro, nem as potestades /.../ será capaz de nos separar do amor de Deus, que está em Cristo Jesus, nosso Senhor.[20]

São Paulo nos convida a estarmos preparados para a luta contra o maligno.[21] Ele utiliza a metáfora do esporte aplicada à vida cristã para nos alertar sobre os ataques do inimigo. Assim como o atleta deve se preparar para combater e vencer a competição, devemos estarmos prontos para derrotar o adversário:

Todo atleta se impõe todo tipo de disciplina. Eles assim procedem, para conseguirem uma coroa corruptível. Quanto a nós, buscamos uma coroa incorruptível! Por isso, eu corro, mas não sem meta. Eu luto, não como quem golpeia no ar. Trato duramente o meu corpo e o subjugo, para não acontecer que depois de ter pregado aos outros, eu mesmo seja reprovado.[22]

No cotidiano da vida é fundamental a disciplina, a estratégia e o "treinamento" para enfrentarmos o adversário. São Paulo também utiliza uma metáfora do ambiente militar para falar de nossa vida espiritual, onde somos confrontados em nossa fé. Ele orienta a nos revestirmos da "armadura" da fé, a considerar a espada afiada

---

[20] Rm 8,31-39.
[21] Cf. Rm 12,21.
[22] 1Cor 9,24-27.

da "Palavra de Deus" que ilumina o nosso caminho e é referencial para as nossas decisões, a usar o "capacete" da justiça, o "escudo" de uma vida íntegra e o "cinturão" que indica nossa prontidão e entrega à causa do Reino.[23] Fica evidente que, para São Paulo, existe um combate que devemos enfrentar ao longo de nossa caminhada sem medo e nem desânimo, afinal, diz o apóstolo: "tudo posso naquele que nos fortalece".[24]

O MISTÉRIO DO MAL

O tema do mal é um mistério que finca raízes no coração humano.[25] O mal parece contradizer a nossa fé no Pai providente, que cuida e ampara os seus filhos. Afinal, por que Deus, que tudo sabe e conhece com antecedência, criou o ser humano com a liberdade para fazer o bem e o mal? Se existe o mal físico, como os terremotos, as secas, as enchentes, as epidemias... que escapam ao controle do ser humano, temos também o mal moral, que é cometido de maneira livre, quando se opta por aquilo que denominamos pecado.

Diante da presença do mal que se manifesta nas grandes catástrofes ou nas injustiças e na morte dos inocentes, os ateus negam a existência de Deus. De qualquer maneira, o mal, como o bem, é sempre uma alternativa diante da qual temos a possibilidade e a responsabilidade da escolha com suas consequências. De novo, recordamos São Paulo que afirma: "Não faço o bem que quero, mas faço o mal que não quero. Ora, se faço aquilo que não

---

[23] Cf. Ef 6,10-20.
[24] Cf. Fl 4,13.
[25] Cf. SPINETOLI, O. *Luca, il vangelo dei poveri*. Assisi: Cittadella, 1999, p. 395.

quero, então já não sou eu que estou agindo, mas o pecado que habita em mim".[26]

Na Sagrada Escritura, encontramos um Deus que participa da dor humana e que, em Cristo, nos redime do pecado e de toda maldade. De acordo com o profeta Isaías, Jesus é o servo sofredor, oprimido e exaltado, que leva nos ombros todos os males para salvar o mundo.[27] São Paulo nos recorda de que "Deus enviou seu Filho, nascido de mulher, nascido sujeito à Lei, para resgatar os que eram sujeitos à Lei, e todos recebemos a dignidade de filhos. E a prova de que sois filhos é que Deus enviou aos nossos corações o Espírito do seu Filho, que clama: Abbá, Pai!".[28] A fé em Jesus que se entregou para nos salvar, nos sustenta na luta contra o mal. Nossa luta é antes de tudo interior, numa busca constante de conversão e adesão ao projeto do Pai. Mas também lutamos contra os pecados e as estruturas que nos oprimem. Como seguidores de Jesus, combatemos com fé e esperança os inimigos do Reino. Somos chamados a seguir os passos de Jesus, que sofreu por nós, jamais cometeu um pecado, e que morreu na cruz para curar as nossas feridas como "Pastor e Guardião" de nossa vida.[29] Mas, se caso pensarmos que somos bons, esqueceremos de pedir ajuda ao Pai de livrar-nos do mal e seremos presa fácil do maligno.

Jesus, com suas palavras e sua vida a serviço do Reino, travou um forte combate contra o mal. Já no início do seu ministério, vemos sua luta contra o Tentador. Toda a sua vida foi uma grande batalha para vencer o inimigo. Na páscoa ele venceu o mal dos males, a morte. Não se trata de um dualismo entre Jesus e o demônio, o

---

[26] Rm 7,19-20.
[27] Cf. Is 52,13-53,12.
[28] Gl 4,4-6.
[29] Cf. 1Pd 2,21-25.

bem e o mal, a luz e as trevas, mas do amor que vence a cruz e salva a humanidade. É o Verbo encarnado que nos indica o caminho do Reino, ensina a pagar o mal com o bem, sempre, mesmo quando baterem em nossa face.[30] O Pai, somente ele, pode nos livrar do mal. Todavia, nem mesmo o seu Filho, que suplicou "Pai, se quiseres, afasta de mim este cálice", foi poupado da morte vergonhosa na cruz onde suspirou: "Pai, em tuas mãos entrego o meu espírito".[31] Deus não quer o mal de seus filhos e tampouco queria ver o Filho crucificado, mas não podia defender Jesus dos vinhateiros homicidas que já haviam decidido matar o "herdeiro da vinha".[32]

A oração do Pai-Nosso termina de um modo original, surpreendente e que nos compromete na luta contra o mal.[33] Não conclui com uma doxologia, como vimos no catecismo das primeiras comunidades cristãs – a Didaqué –, ou com uma frase de ação de graças. Tanto em Mateus como em Lucas, a Oração do Senhor, que começou com a invocação "Pai nosso que estás nos céus", termina falando das tentações e do maligno que devemos combater. Ou seja, do alto para baixo, do Pai que está nos céus até o maligno que enfrentamos na terra. Esse pedido final da Oração do Senhor fica em aberto e manifesta a nossa fé e certeza na ação de Deus que enviou o seu Filho para salvar o mundo.[34]

A luta contra o mal é dura, pois trata-se de uma batalha travada "corpo a corpo", que se estende pela história da humanidade

---

[30] Cf. Lc 6,29.
[31] Cf. Lc 22,42; 23,46.
[32] Cf. Mt 21,33-46.
[33] Cf. OLIVER, Clément; BENOIT, Standaert. *Pregare il Padre nostro*. Magnano: Qiqajon, 1989, p. 118.
[34] Cf. Jo 3,17.

e pela vida de cada seguidor de Jesus. Muitas vezes nos sentimos "como cordeiros no meio de lobos", impotentes e ameaçados por testemunhar e anunciar o Evangelho do Reino.[35] Nos caminhos da missão recebida no Batismo, fazemos uma experiência que nos recorda a luta de Jacó e o "bom combate" de São Paulo, segundo a dinâmica de uma forte batalha, entre desafios e medos, dores, fé e esperança.[36]

Jesus nos ensina a rezar o Pai-Nosso e nos convida a continuar a luta contra o mal como "exorcistas" que expulsam o demônio, numa constante e dolorosa ação contra o maligno.[37] Que o Pai nos livre do maligno e de todos os seus males, passados, presentes e futuros, para que possamos cumprir a sua vontade, ver o seu nome santificado e experimentar o Reino. Assim seja.

---

[35] Cf. Lc 10,3.
[36] Cf. Gn 32,23-31; 2Tm 4,7-8.
[37] Cf. Mt 9,32-34.

Conclusão

Uma montanha da Galileia, o Monte das Bem-aventuranças, foi o cenário escolhido por Jesus para nos ensinar o Pai-Nosso, segundo Mateus.[1] No Evangelho de Lucas, o Pai-Nosso brotou dos lábios de Jesus, no Jardim das Oliveiras, como resposta ao pedido de um discípulo anônimo que manifestou ao Mestre a nossa sede de Deus: "Mestre, ensina-nos a rezar...".[2] Ou nas palavras do apóstolo Filipe: "Senhor, mostra-nos o Pai".[3] Na oração Jesus nos revela o rosto, a paternidade de Deus e a sua identidade de Filho. O Mestre convida a nos dirigirmos ao Pai de maneira espontânea, natural, simples, com plena confiança e intimidade filial. Um jeito de rezar bem diferente dos hipócritas que se exibiam nas praças e nas esquinas de Jerusalém.[4] Somente ele, o Filho primogênito que santificou o nome santo de Deus, cumpriu fielmente a sua vontade e se entregou à causa do Reino, poderia rezar e nos ensinar o Pai-Nosso. Jesus viveu na intensidade da fé cada um dos sete pedidos dessa oração. Ele multiplicou pães, perdoou os inimigos, venceu as tentações e o mal. A oração do Pai-Nosso jamais será compreendida em toda a sua profundidade senão no horizonte da vida, vocação e missão do Filho. Seu conteúdo, sua espiritualidade

---

[1] Cf. Mt 6,9-13.
[2] Lc 11,1.
[3] Jo 14,8.
[4] Cf. Mt 6,5.

e mensagem não podem ser separados da pessoa de Jesus nem destacado do ambiente e da história do povo de Deus.

Memorizado e repetido ao longo do caminho, o Pai-Nosso resume a mensagem de Jesus, o homem Deus que nos ajuda a repensar nossa visão de Deus, o Pai. Mesmo sendo uma oração pré-pascal, quer do ponto de vista histórico ou teológico, em que não temos sequer uma palavra sobre o Filho, seu ministério, sua morte, ressurreição e ascensão, e tampouco se menciona a caminhada de seu povo, o Pai-Nosso é essencial na espiritualidade cristã e nos ajuda a sintonizar o nosso coração com o coração de Deus. Trata-se de uma oração onde nada é casual e cada palavra tem o seu peso e significado para o coração orante; onde tudo ecoa no horizonte da Sagrada Escritura que registra a fé e a experiência do Deus de Israel, os descendentes de Abraão.

Cada vez que rezamos o Pai-Nosso encontramos algo de novo e surpreendente. Na Oração do Senhor, quer na solene versão de Mateus que a Igreja reza na liturgia, quer naquela mais breve e mais antiga de Lucas, percebemos um movimento que começa no alto, quando invocamos o Pai nos céus, e termina embaixo, sinalizando o drama da aventura humana na terra. Na invocação inicial, tão profunda e original, nos dirigimos ao Pai que não está numa galáxia distante, mas presente em nossa caminhada de fé. Nos últimos pedidos da oração, temos a expressão humilde de um coração que se esforça para superar as tentações e luta contra o mal. Podemos imaginar a oração do Pai-Nosso nos lábios de Maria ao pé da cruz, na boca do pescador Simão Pedro, da anônima mulher samaritana ou do bom samaritano, do inquieto Tomé, das irmãs Marta e Maria, do filho pródigo, do baixinho Zaqueu, do missionário Paulo ou de algum outro discípulo ou discípula do Senhor. Em cada pessoa, o Pai-Nosso ecoa com a força da fé e segundo a sensibilidade do coração orante.

Jesus é o Mestre orante, o Reino, o pão e o perdão de Deus. Ele nos chama a aproximar-nos de Deus de modo familiar e muito profundo. É o mergulho dos filhos no Filho, que nos convida a incrementar o nosso processo de conversão individual e comunitário e a voltarmos para o Pai. Nenhum Salmo começa com uma invocação assim filial e com tanta intimidade com Deus. O Pai de Jesus é o Pai nosso e, no Filho, somos todos filhos. Irmãos.

Jesus não reza para si mesmo, mas nos revela e ensina a rezar a seu Pai, o Pai nosso que está nos céus, tão próximo, tão presente. Nesse diálogo filial e amoroso, descobrimo-nos filhos de Deus, membros de sua grande família. Mesmo quando rezamos sozinhos, sempre há um alcance comunitário, eclesial e missionário acentuado no uso do "plural", quando pedimos o pão para todos, o perdão e ajuda nas tentações e no combate contra o maligno. O Espírito Santo acende em nós o desejo de amar a Deus e santificar na vida o seu santo nome, a acolher o dom do Reino, a realizar a sua vontade, pedir e partilhar o pão de cada dia, a experimentar o perdão e a misericórdia divina que nos abraçam e nos perdoam, a superar as tentações, a combater o mal e a rejeitar a lógica do reino do "príncipe deste mundo". Sempre.

A oração do Pai-Nosso nos coloca no colo de Deus e nos empurra ao encontro dos irmãos, especialmente os mais necessitados. Essa oração nos convida a superar o fechamento do "eu" e nos compromete na comunidade dos filhos de Deus. Ele é o Pai presente, atento, carinhoso, que revela o seu nome e estabelece uma relação amorosa conosco. A nossa missão é dar testemunho de seu amor, ser sinal de sua santidade no meio do mundo, à luz do Espírito Santo que recebemos no Batismo. O nosso destino é o coração do Pai, que nos chama a seguir o Filho, converter e continuar a sua obra. No caminho precisamos de muitos "pães", além do pão da Palavra e da Eucaristia.

O Pai-Nosso é a oração modelo deixada pelo Mestre a cada um dos seus seguidores, os bem-aventurados do Reino.[5] É uma oração ecumênica, aberta e universal. É a catequese evangelizadora e vocacional, a prece com as "divinas palavras" pronunciadas pelo Filho unigênito. É a Oração do Senhor, repetida na mente e no coração, que embala e sustenta os seguidores de Jesus e a comunidade orante, a Igreja, na sua missão de testemunhar e anunciar o Evangelho. É a prece de quem segue as pegadas do Filho e suspira pela consumação dos tempos.[6] Jesus, mais que uma oração, nos ensinou um jeito novo de dirigirmos a Deus. Não nos preocupemos tanto com as palavras... Pois importa rezar o Pai-Nosso, dirigir-se ao Pai e pronunciar cada um dos sete pedidos com o mesmo espírito de Jesus. Amém.

---

[5] Mt 5,3.
[6] Cf. Jo 19,30.

BIBLIOGRAFIA

ALVES, R. *Pai nosso, meditações*. São Paulo: Paulinas, 1987.

BARBAGLIO, G.; FABRIS, R.; MAGGIONI, B. *Os Evangelhos (I e II)*. São Paulo: Loyola, 1990.

BAVON, F. *Vangelo di Luca 2*. Brescia: Paidea, 2007.

BENEDICTO XVI. *Jesús de Nazaret I, Desde el Bautismo a la Transfiguración*. Madrid: La esfera de los libros, 2007.

BERGER, K. *Il padre nostro, pregare con il cuore e con la mente*. Brescia: Queriniana, 2016.

BOFF, L. *O Pai-Nosso: a oração da libertação integral*. Petrópolis: Vozes, 1979.

BRUNI, Giancarlo. *Voi direte: Padre nostro*. Magnano: Qiqajon, 1984.

CATECISMO DA IGREJA CATÓLICA. São Paulo: Vozes/Loyola, 1999.

DIDAQUÉ. O *Catecismo dos primeiros cristãos para as comunidades de hoje*. São Paulo: Paulinas, 1989.

DI FRANCIA, A. M. *Scritti*. Roma: Rogate, v. VI, 2010.

DUPONT, J. *A esmola, a oração e o jejum*. São Paulo: Paulinas, 1983.

FABRIS, R. *Matteo, traduzione e commento*. Roma: Borla, 1982.

FANELLI, P., *Un centro di gravità permanente. Il Padre nostro: la preghiera di Gesù*. Milano: Paoline, 2006.

FAUSTI, S. *Una comunità legge il vangelo di Matteo*. Bologna: Dehoniane, 2016.

_____. *Una comunità legge il vangelo di Luca*. Bologna: Dehoniane, 2017.

FRANCISCO, *Catequese sobre o Pai nosso – 1-16,* Audiências Geral. Disponível em: <https://w2.vatican.va>.

HAMMAN, A. *Il Padre nostro letto dai Padri della Chiesa.* Roma: Castelvecchi, 2017.

JEREMIAS, J. *O Pai-Nosso, a oração do Senhor.* São Paulo: Paulinas, 1976.

_____. *O Sermão da Montanha.* São Paulo: Paulinas, 1980.

_____. *Jerusalém no Tempo de Jesus.* São Paulo: Paulinas, 1983.

JOSSA, Giorgio. *Il Cristianesimo antico, dalle origini al concilio di Nicea.* Roma: Carocci, 2017.

JUST, A. A. *La Bibbia Commentata dai Padri, Nuovo Testamento 3, Luca.* Roma: Città Nuova, 2006, pp. 268-276.

LEDRUS, M. *Il Padre nostro preghiera evangelica.* Roma: Borla, 1981.

LOHFINK, G. *Jesus de Nazaré: o que ele queria? Quem ele era?* Petrópolis: Vozes, 2015.

LORENZI, Lorenzo *La preghiera del discepolo (Mt 6,9-13). Parola, spirito e vita, quaderni di lettura biblica, Insegnaci a pregare 3.* Bologna: Delogniano, 1981, pp. 106-121.

MAGGIONI, B. *Padre nostro.* Milano: Vita e Pensiero, 2019.

MAIA, G. L. A missão dos discípulos: continuar a obra do Verbo encarnado. *Studi Rogazionisti* 50, Roma, luglio-dicembre 1995, pp. 12-75.

_____. *O jeito de Deus, quando ele chama.* São Paulo: Instituto de Pastoral Vocacional, 2013.

_____. *Nos passos de Maria de Nazaré, visitação de Nossa Senhora a Isabel e o cântico do Magnificat.* São Paulo: Fontenele, 2019.

MARTINI, C. M. *Padre nostro, non sprecate parole.* Milano: San Paolo, 2016.

MARTIN-MORENO, J. M. *Il perdono nella vita della comunità.* Milano: Paoline, 1991.

MARUCCI, C. Il Padre nostro e la sua traduzione. *Civiltà Cattolica*, Roma, 1996, pp. 338-350.

MATEOS, J.; CAMACHO, F. *Jesus e a sociedade de seu tempo*. São Paulo: Paulinas, 1992.

_____. *O Evangelho de Mateus*. São Paulo: Paulinas, 1993.

MATOS, H. *O Pai-Nosso, oração do novo milênio*. Belo Horizonte: O Lutador, 1999.

MENDONÇA, José Tolentino. *Pai-Nosso que estais na terra. O Pai--Nosso aberto a crentes e não crentes*. Prior Velho: Paulinas, 2011.

MESTERS, C. *Um projeto de Deus: a presença de Deus no meio do povo oprimido*. São Paulo: Paulinas, 1982.

MONLOUBOU, L. *La preghiera secondo Luca*. Bologna: Dehoniano, 1979.

MOVIMENTO FRANCESCANO. *Fonti Francescane I, Commento al Pater Noster*. Assisi, 1977.

OLIVER, Clément; BENOIT, Standaert. *Pregare il Padre nostro*. Magnano: Qiqajon, 1989.

PAGOLA, J. A. *Pai-Nosso: orar com o Espírito de Jesus*. Petrópolis: Vozes, 2012.

PANIMOLLE, Salvatore, A. *Gesù modello e maestro di preghiera nel vangelo secondo Luca. Parola, spirito e vita, quaderni di lettura bíblica, Insegnaci a pregare 3*. Bologna: Dehoniano, 1981, pp. 122-139.

PEGORARO, T. I 4 Vangeli secondo Sant'Annibale Maria Di Francia. *Stuti Rogazionisti*, Roma, luglio-dicembre 2016, pp. 5-99.

QUAGLIA, R. *Il Padre nostro, tra psicologia e spiritualità*. Venezia: Marcianum press, 2018.

ROSSÉ, Gérard. *Il Vangelo di Luca, commento esegético e teológico*. Roma: Città Nuova, 1992.

SANTA TERESA DE JESUS. *Caminho de perfeição*. Petrópolis: Vozes, 2011.

SCHURMANN, H. *Il Padre nostro alla luce della predicazione di Gesù*. Roma: Città Nuova, 1967.

SEGALLA, G. *Panoramas del Nuevo Testamento*. Navarra: Verbo Divino, 1989.

SIMONETTI, Manlio. *La Bibbia Commentata dai Padri, Nuovo Testamento 1/1, Matteo 1-13*. Roma: Città Nuova, 2004, pp. 202-215.

SPINETOLI, O. *Luca, il vangelo dei poveri*. Assisi: Cittadella, 1999.

STOGER, A. *Vangelo secondo Luca*. Roma: Città Nuova, 1993, v. I.

STORNIOLO, I. *O Evangelho de Mateus: o caminho da justiça*. São Paulo: Paulinas, 1990.

SUSIN, L. C. *Assim na terra como no céu: brevilóquio sobre escatologia e criação*, Petrópolis: Vozes, 1995.

TERRA, J. E. M. *Releitura judaica e cristã da Bíblia*. São Paulo: Loyola, 1988.

ULRICH, L. *Matteo 1, commentario*. Brescia: Paideia, 2006, pp. 389-519.

VANIER, J., *Comunidade, lugar do perdão e da festa*. São Paulo: Paulinas, 2006.

VANNI, U. Il Padre Nostro I. *Civiltà Cattolica*, Roma, 1993, III, pp. 345-358; IV, pp. 447-490.

VATICANO II, *Mensagens e documentos*. São Paulo: Paulinas, 1998 (*Lumen Gentium*).

VIRGILIO, G. *Le Preghiere nei Vangeli*. Roma: Rogate, 2013.

SITES CONSULTADOS

<https://de.wikipedia.org/wiki/Kaddisch#Text_des_Kaddisch>

<http://www.osservatoreromano.va/pt/news/uma-igreja-pobre-e-para-os-pobres>

DICIONÁRIOS

COENEN, L.; BROWN, C. *Dicionário Internacional de Teologia do Novo Testamento 2*. São Paulo: Vida Nova, 2000.

FIORES, S.; GOFFI, T. *Nuovo Dizionario di Spiritualità*. Roma: Paoline, 1979.

LEÒN-DUFOUR, X. *Vocabulário de Teologia Bíblica*. Petrópolis: Vozes, 1972.

ROSSANO, P.; RAVASI, G.; GIRLANDA, A. *Nuovo Dizionario di Teologia Biblica*. Roma: Paoline, 1996.

VIRGILIO, G. *Dizionario Biblico della Vocazione*. Roma: Rogate, 2007.

FONTES, SINOPSES E CONCORDÂNCIAS

ALAND, K. *Synopsis Quattour Evangeliorum*. Stuttgart, 1990.

DATLER, Frederico. *Sinopse dos quatro Evangelhos*. São Paulo: Paulinas, 1986.

GHIBERTI, G.; PACOMIO, L. *Le Concordanze del Nuovo Testamento*. Torino, 1978.

MERK, A. *Novum Testamentum graece et latine*. Roma, 1984.

NESTLE, E.; ALAND, K. *Novum Testamentum Graece et latine*. Stuttgart, 1991.

BÍBLIAS EM PORTUGUÊS

Bíblia de Jerusalém: nova edição revisada e ampliada. São Paulo: Paulus, 2002.

Bíblia Tradução Ecumênica – TEB. São Paulo: Loyola, 1994.

Bíblia Sagrada. Tradução oficial da CNBB. 1. ed. Brasília, 2018.

Rua Dona Inácia Uchoa, 62
04110-020 – São Paulo – SP (Brasil)
Tel.: (11) 2125-3500
paulinas.com.br – editora@paulinas.com.br
Telemarketing e SAC: 0800-7010081